L'Évangile,
et le
peuple de Dieu

BGC LES BROCHURES DE LA
GOSPEL COALITION

SOUS LA DIRECTION DE **D. A. CARSON** ET **TIMOTHY KELLER**

L'Évangile,
et le
peuple de Dieu

BGC LES BROCHURES DE LA
GOSPEL COALITION

L'Évangile et le peuple de Dieu

© 2013 Publications Chrétiennes, Inc.
     230, rue Lupien
     Trois-Rivières (Québec) G8T 6W4

et

© 2013 Éditions Clé
     2, Impasse Morel
     69003 Lyon, France

Édition originale en anglais :
The Holy Spirit ; The Church : God's New People ; Baptism and the Lord's Supper ; The Kingdom of God

© 2011 par The Gospel Coalition
Publié par Crossway, a publishing ministry of Good News Publishers

Traduit et publié avec permission

Tous droits réservés

« Éditions Impact » est une marque déposée de « Publications chrétiennes inc. »

Dépôt légal - 1er trimestre 2013

ISBN : 978-2-89082-171-2

Dépôt légal :   Bibliothèque et Archives nationales du Québec
                    Bibliothèque et Archives Canada

En Europe, ce livre est publié aux Éditions Clé
ISBN : 978-2-35843-022-7

Sauf indications contraires, toutes les citations bibliques sont tirées de la version revue 1979 Louis Segond de la Société Biblique de Genève

Table des matières

Préface

Deux amis, Don Carson, professeur de Nouveau Testament à la *Trinity Evangelical Divinity School* à Chicago, et Tim Keller, pasteur de la *Redeemer Presbyterian Church* à Manhattan, sont à l'origine d'une idée dynamique qui a traversé non seulement les frontières géographiques, mais également les contours dénominationnels du christianisme évangélique. Cette idée a donné naissance à un mouvement appelé *The Gospel Coalition (TGC)*, qui représente aujourd'hui un réseau de pasteurs, de théologiens et de membres d'Églises qui partagent une même vision, énoncée dans les documents fondateurs (consultables sur www.semaireevangile.com).

Ce mouvement regroupe des individus et ne cherche en aucun cas à se substituer aux unions d'Églises ou aux œuvres existantes. Il ne veut que promouvoir la centralité de l'Évangile avec ses implications pour la vie du croyant dans l'Église et la société.

Dans le même ordre d'idées, il nous a semblé utile de publier ces brochures rédigées par plusieurs membres du Conseil de

TGC ; elles expliquent et développent les documents fondateurs du mouvement.

Notre prière est que ces brochures puissent alimenter notre réflexion sur l'importance de la centralité de l'Évangile, et ainsi contribuer à l'affermissement et à l'édification de l'Église en francophonie.

– Mike Evans
Genève, novembre 2012

KEVIN L. DEYOUNG

Titulaire d'une maîtrise en théologie du *Gordon-Conwell Theological Seminary*, Kevin L. DeYoung est le pasteur principal de *University Reformed Church* dans la ville de East Lansing (Michigan). Il est l'auteur de plusieurs livres dont *Et si Dieu voulait autre chose pour moi... j'arrêterais de faire du surplace*, *Why We Love the Church*, et *Don't Call It a Comeback*.

Le Saint-Esprit

KEVIN L. DEYOUNG

Soyons honnêtes : l'un des côtés agréables de Noël, ce sont les cadeaux. Certains en reçoivent très peu, d'autres beaucoup trop. Mais la plupart des gens reçoivent quelque chose. L'an dernier, j'ai reçu quelques livres (waouh !), des vêtements (bof !), une console Nintendo Wii (euh, c'était pour les enfants) et une figurine de Jean Calvin (inestimable). De jolis cadeaux, dans l'ensemble.

Pensez à votre cadeau préféré, pas nécessairement celui de Noël, mais le plus beau cadeau que vous ayez jamais reçu. Difficile d'imaginer plus grand cadeau qu'une bague de fiançailles avec la promesse qui s'y rattache. Mais si je vous parlais d'un cadeau qui offre une promesse plus sûre et plus durable que le mariage ? Peut-être l'argent est-il votre cadeau préféré. Après tout, l'argent vous permet d'exercer une grande influence et de faire quantité d'activités plaisantes. Mais si je vous parlais d'un cadeau qui a plus de puissance que l'argent pour changer la vie, qui exerce une influence plus grande pour transformer le monde ? Peut-être êtes-vous de nature plus sentimentale et vos cadeaux les plus précieux sont-ils de vieilles photos données par vos parents et vos amis ? Et si je vous parlais d'un cadeau qui apporterait plus qu'un portrait de votre bien-aimé(e), qui vous garantirait sa présence même à vos côtés pour la durée des temps ?

Il s'agirait d'un don, le don d'une promesse, d'une puissance, d'une présence. Des millions de gens, partout dans le monde, ont reçu ce cadeau. Ou plutôt devrais-je dire *cette personne*. Comme vous l'avez sans doute deviné, ce don est celui du Saint-Esprit. Nul bien n'est aussi précieux, utile, dynamique, puissant et aimant que l'Esprit qui habite en ceux qui appartiennent à Dieu par Christ (1 Co 3.16).

LE SAINT-ESPRIT DANS L'ENSEMBLE DE LA BIBLE

Le mot « esprit » est la traduction du terme hébreu *ruah* et du grec *pneuma*. Le premier renvoie environ 90 fois au Saint-Esprit dans l'Ancien Testament. Le Nouveau Testament utilise le second plus de 250 fois pour parler du Saint-Esprit. Les deux termes peuvent aussi s'appliquer au vent ou au souffle. L'idée générale de ces différents sens est la même : *ruah* et *pneuma* expriment l'énergie, le mouvement, la vie, l'activité. Le Saint-Esprit est l'Esprit mis à part, qui appartient à Dieu. Il est la puissance et la présence de Dieu au milieu de son peuple[1].

Bien que plus « visible » dans le Nouveau Testament, le Saint-Esprit était déjà à l'œuvre dans l'Ancien. Il était présent lors de la création, se mouvant au-dessus des eaux, ordonnant et complétant ce que le Père avait conçu et projeté (Ge 1.2). Le Saint-Esprit a joué un rôle lors de l'Exode (És 63.7-14). Il a accordé au peuple de Dieu des dons pour le service, il a équipé Betsaleel et Oholiab non seulement d'excellence artistique, mais également de puissance pour reproduire une sorte de paradis sur la terre (Ex 35.30-35). Nous voyons souvent dans l'Ancien Testament la manière dont l'Esprit reposait sur des personnages comme Balaam, Gédéon, Jephthé, Samson et Azaria pour des missions spéciales en paroles ou en actes (No 24.2 ; Jg 6.34 ; 11.29 ; 13.25 ; 14.6,19 ; 15.14 ; 2 Ch 15.1). L'Esprit pouvait aussi venir temporairement sur un individu et le quitter ensuite, comme l'a expérimenté le roi Saül (1 S 16.14) et comme David l'a redouté (Ps 51.13). Dans l'Ancien Testament, le Saint-Esprit exerce une action puissante mais incomplète. Il n'est donc pas étonnant que l'Ancien Testament attende un âge à venir de l'Esprit. Trois prophéties en particulier annoncent la gloire de ce jour nouveau. Joël 2.28-32 prédit la venue de l'Esprit sur tout le peuple de Dieu ; Ézéchiel 36.22–37.14 évoque le jour où l'Esprit habitera de façon personnelle et permanente chez les sujets du royaume de Dieu ; enfin, Ésaïe 11.1-5 déclare qu'un rameau oint de l'Esprit sortira du tronc d'Isaï et inaugurera le jour du salut pour Israël. Un Esprit universel, un Esprit qui demeure en l'homme et un Sauveur rempli de la puissance de l'Esprit, voilà l'ère de l'Esprit que l'Ancien Testament annonce et attend. Cette effusion se réalise sous la nouvelle alliance (2 Co 3.1-11). L'Esprit est répandu sur toute chair (Ac 2.14-21), établit sa demeure dans le croyant (Ro 8.9), revêt de puissance et glorifie le Messie (qui est oint de l'Esprit) dans son ministère terrestre et son œuvre de salut.

Le Nouveau Testament souligne ce dernier point plus que nous ne le pensons souvent. L'Esprit revêt de puissance le Fils à chaque étape de son ministère. Le Saint-Esprit couvre Marie lors de la conception virginale (Mt 1.18,20 ; Lu 1.35). Le Saint-Esprit repose sur Siméon lorsqu'il parle de Jésus dans le temple (Lu 2.25). Il descend sur Jésus lors de son baptême (Mt 3.16). Puis il conduit Jésus, que Luc décrit comme étant rempli de l'Esprit, dans le désert pour y être tenté par le diable (Mt 4.1 ; Lu 4.1). Après l'épisode de la tentation, Jésus retourne en Galilée, revêtu de la puissance de l'Esprit (Lu 4.14) et annonce dans la synagogue que l'Esprit du Seigneur repose sur lui pour proclamer la bonne nouvelle aux pauvres (4.18).

C'est par la puissance de l'Esprit de Dieu que Jésus chasse les démons (Mt 12.28). Hébreux 9.14 déclare que Jésus s'est offert en sacrifice à Dieu par l'Esprit éternel. D'après Romains 1.4, Jésus a été déclaré Fils de Dieu avec puissance, selon l'Esprit de sainteté, par sa résurrection d'entre les morts. Depuis la conception de

Jésus jusqu'à sa résurrection, en passant par sa naissance, sa vie, son ministère et sa mort, l'Esprit était à l'œuvre sur lui et par lui.

LA NATURE DU SAINT-ESPRIT

Il est une personne

Le Saint-Esprit est une personne. Il s'attriste (Ép 4.30), intercède (Ro 8.26,27), atteste (Jn 16.12-15), parle (Mc 13.11), crée (Ge 1.2 ; Lu 1.35), pense (Ro 8.27) ; on peut blasphémer contre lui (Mc 3.28,29)[2]. Certes, il est également dit que l'Écriture « rend témoignage » et « parle », mais personne ne la considère comme un être humain. Le contexte montre que dans ces cas, l'Écriture est personnifiée pour indiquer que c'est Dieu qui parle et rend témoignage par les Écritures. Dans son discours d'adieu (Jn 14–16), Jésus promet d'envoyer « un autre *paraklètos* » (souvent traduit par Consolateur, Défenseur, Avocat). Il s'agit en l'occurrence du Saint-Esprit, le successeur de Jésus dans son ministère terrestre et, à certains égards, son remplaçant. Aucune force impersonnelle ne peut correspondre aux descriptions de l'activité de l'Esprit que Jésus va envoyer.

Il est Dieu

Le Saint-Esprit n'est pas une personne ordinaire ; il est une personne divine. Le Psaume 139.7 évoque son omniprésence. Il est « L'Esprit éternel » (Hé 9.14). Mentir au Saint-Esprit revient à mentir à Dieu (Ac 5.3,4). Paul utilise indifféremment les expressions « temple de Dieu » et « temple du Saint-Esprit », montrant ainsi que le Saint-Esprit est Dieu (1 Co 3.16 ; 6.19).

Il est distinct du Père et du Fils

Le Saint-Esprit est de la même essence que le Père et le Fils ; il est cependant distinct d'eux[3]. Autrement dit, le Saint-Esprit est Dieu, mais il ne se confond pas avec le Père ou le Fils. Il possède sa propre personnalité divine.

Bien que distinct du Père et du Fils, le Saint-Esprit est l'Esprit de Dieu et celui du Fils (Ro 8.9). Dire : « l'Esprit de Dieu vit en vous », « l'Esprit de Christ est en vous » ou : « Christ habite en vous » sont trois expressions d'une même réalité (Ro 8.10,11)[4]. L'Esprit est envoyé par le Père (Jn 14.26) *et* par le Fils (16.7 ; 20.22)[5]. En fait, l'identité du Fils et celle de l'Esprit se recoupent tellement que Paul peut affirmer « le Seigneur, c'est l'Esprit » (2 Co 3.17,18).

Cela ne signifie pas que le Fils et l'Esprit sont une seule et même personne, mais leur mission est tellement unie qu'ils sont un dans leur activité rédemptrice. Jésus est la vérité (Jn 14.6), et l'Esprit conduira les disciples dans toute la vérité (16.13). Jésus est venu pour rendre témoignage à Dieu le Père (1.14-18) et l'Esprit vient rendre témoignage à Christ (15.26). Le monde, pécheur, n'a pas accueilli Christ (1.11 ; 5.43) et ne recevra pas non plus l'Esprit (14.17). Le Saint-Esprit est tout simplement et glorieusement *un autre* consolateur (14.16), la puissance et la présence mêmes, sur terre, du Christ ressuscité et remonté au ciel.

L'ŒUVRE DU SAINT-ESPRIT

Après avoir examiné la nature du Saint-Esprit, penchons-nous sur ce qu'il accomplit. Considérons la question : « Que fait le Saint-Esprit ? » Comme l'Esprit, dans la Bible, n'est pas présenté comme étant visible, il y a plus à dire sur son *œuvre* que sur sa *personne*. La meilleure façon de connaître l'Esprit est de comprendre et d'expérimenter ses effets. J'ai divisé l'œuvre de l'Esprit en sept parties : le Saint-Esprit convainc, convertit, applique, glorifie, sanctifie, équipe et promet.

Le Saint-Esprit convainc

À bien y réfléchir, c'est remarquable. Jésus consacre les dernières heures précédant sa mort à enseigner à ses disciples le sujet de la trinité. De tout ce qu'il aurait pu dire, c'est de son unité avec le Père et de son unité avec le Saint-Esprit à venir qu'il a jugé le plus nécessaire de parler. Dans le discours de la chambre haute, il promet à cinq reprises la venue du Saint-Esprit (Jn 14.16,17,26 ; 15.26,27 ; 16.4-11, 12-15). Dans la quatrième déclaration, Jésus parle du pouvoir de conviction de l'Esprit :

> Cependant je vous dis la vérité : il vous est avantageux que je m'en aille, car si je ne m'en vais pas, le consolateur (*parakletos*) ne viendra pas vers vous ; mais, si je m'en vais, je vous l'enverrai. Et quand il sera venu, il convaincra le monde en ce qui concerne le péché, la justice, et le jugement : en ce qui concerne le péché, parce qu'ils ne croient pas en moi ; la justice, parce que je vais au Père, et que vous ne me verrez plus ; le jugement, parce que le prince de ce monde est jugé (Jn 16.7-11).

On comprend que les disciples soient attristés de ce que Jésus les quitte (Jn 16.6). Mais il leur assure que c'est pour leur bien. En effet, s'il ne s'en va pas, le *paraclet* ne pourra venir. Cette impossibilité n'est pas liée au fait que l'Esprit et le Fils ne pourraient cohabiter, mais au fait que l'Esprit ne peut venir qu'après la mort, la résurrection et l'ascension du Fils. L'inauguration du royaume de Dieu commencée par Christ s'achèvera par l'Esprit, mais seulement lorsque Christ aura accompli son œuvre.

Cela peut sembler paradoxal, mais l'Église bénéficie de l'absence physique de Christ. Au Ier siècle, pour être avec Jésus, il fallait se rendre en Palestine. Mais aujourd'hui, dans la période postérieure à la Pentecôte, Christ peut être partout par son Esprit. Nul besoin de se rendre en Israël pour rencontrer Christ, de vivre dans les montagnes ou d'allumer une bougie pour le trouver. Nous avons mieux que le fait de marcher avec lui ou de le voir : il peut demeurer en nous en tous lieux et en permanence.

La présence de l'Esprit était une bonne nouvelle pour les disciples, puisqu'il allait être leur Consolateur – Défenseur – Avocat. En revanche, pour le monde, pour ceux qui sont enlisés dans le péché, l'Esprit allait exercer un pouvoir de conviction ou de dévoilement (voir Jn 3.20 où on retrouve le verbe grec *élégchô*). Le Saint-Esprit agit tel un projecteur géant, mettant en lumière la méchanceté du monde et invitant partout les gens à se repentir. C'est comme si le monde passait une agréable soirée romantique à dîner aux chandelles, dans l'idée que tout n'est que délices et pétales de roses, quand, *soudain*, l'Esprit bascule les lumières pour montrer les cafards qui grimpent le long des murs et les ordures répandues sur le sol. Nous ne sommes pas aussi bons que nous le pensons et l'Esprit peut nous le prouver.

Jésus révèle en particulier trois certitudes dont l'Esprit convaincra le monde[6] :

1. Il le convaincra de péché, parce qu'il ne croit pas en Jésus. L'incrédulité est la racine du péché. Et il n'existe pas de plus grand signe d'incrédulité que le refus de reconnaître Jésus pour qui il est.

2. Il le convaincra de justice, parce que Jésus est remonté vers le Père. Le monde est fasciné par sa propre prétendue bonté (És 64.5), au lieu d'admirer Jésus. Nous voulons décider par nous-mêmes de qui est Jésus et de ce qu'il a réellement accompli. Mais son ascension au ciel suffit à démontrer sa qualité de Fils saint de Dieu et son unité avec le Père.

3. Il le convaincra de jugement, parce que le prince de ce monde est déjà jugé. C'est l'accusation la plus accablante que le Saint-Esprit pouvait porter contre les Juifs : ils ont tué l'innocent faussement accusé et adoré le faux maître. Mais l'Esprit viendra et rendra témoignage du Christ ressuscité, afin que les Juifs réalisent que celui qu'ils suivent a déjà été vaincu et que celui qu'ils ont assassiné est victorieux. Le coup porté à Satan sur la croix annonce la défaite finale qu'il subira avec ses enfants spirituels. Il peut encore

aboyer et mordre mais il est tenu en laisse et destiné à la fourrière.

Le premier accomplissement de cette triple promesse s'est produit lors de la Pentecôte (Ac 2.22-24,37), mais l'œuvre permanente de conviction de l'Esprit se poursuit partout où le péché doit être démasqué et pardonné. C'est le premier élément de la régénération. Dieu le Saint-Esprit doit d'abord nous faire prendre conscience de notre égoïsme, de notre antipathie pour la sainteté et de notre indifférence vis-à-vis de Christ. Voici ce que déclare Jonathan Edwards :

> L'Esprit qui est à l'œuvre détourne les pensées des gens des vanités du monde, créant en eux une profonde préoccupation au sujet du bonheur éternel, les poussant à rechercher sérieusement leur salut, les convainquant de l'horreur du péché, de leur propre culpabilité et de leur lamentable condition à l'état naturel, éveillant leur conscience, les rendant sensibles à la nature redoutable de la colère divine et produisant en eux un désir intense, sérieux et résolu d'obtenir sa faveur[7].

Lorsque l'Esprit agit, il ne produit pas seulement en nous la honte de nos fautes et le regret de nos erreurs ; il nous fait voir nos péchés vis-à-vis de Dieu et nous fait comprendre le cri de David : « J'ai péché contre toi seul, et j'ai fait ce qui est mal à tes yeux » (Ps 51.6). Aucun être humain, homme ou femme, n'est un chrétien véritable s'il n'a pas vu son péché à la lumière de l'œuvre de conviction de l'Esprit et ne l'a pas interprété comme une offense faite au Dieu Tout-Puissant.

Le Saint-Esprit convertit

Le passage classique sur la conversion se situe dans Jean 3, où Jésus s'entretient avec Nicodème, pharisien et docteur juif (v. 1). Contrairement à beaucoup d'autres pharisiens mentionnés dans les Évangiles, Nicodème semble être un chercheur honnête, quoiqu'un peu lâche. Il ne semble pas hostile à Jésus. Il apparaît comme un homme religieux sincère, vraiment désireux d'apprendre de Christ. Mais il se heurte à une difficulté de taille : il n'est pas né d'en haut. Il reconnaît que Jésus est un maître envoyé par Dieu et attribue ses miracles à la puissance divine (v. 2). Or, cela ne suffit pas. Jésus lui répond en somme : « Peu m'importe que tu *voies* le miraculeux avec tes yeux. Je souhaite que tu *expérimentes* le miraculeux dans ton cœur[8] ».

Comme nous tous, Nicodème a besoin de naître de nouveau (Jn 3.3). En d'autres termes, nous devons naître d'eau et d'Esprit (v. 5). Cette image curieuse aurait dû être familière à Nicodème, car elle vient de l'Ancien Testament (voir v. 10). Jésus fait sans aucun doute référence à Ézéchiel 36, en particulier par ses allusions à l'eau et à l'Esprit (v. 25,27). Dans la prophétie d'Ézéchiel, l'eau évoque la purification et l'Esprit suggère un cœur nouveau (v. 25,26). Dans Jean 3, Jésus ne parle donc pas du sacrement du baptême, mais de l'œuvre surnaturelle qui ôte les souillures du péché et fait de nous des êtres nouveaux[9].

C'est ce que la Bible entend par nouvelle naissance, conversion, régénération ou le fait d'être né de nouveau. Le Saint-Esprit opère la conversion en nous. Tite 3.5 évoque « le bain de la régénération et le renouvellement du Saint-Esprit ». Le vent (*pneuma*) souffle où il veut, il en est de même de l'Esprit (*pneuma*) qui fait naître de nouveau. Dieu le Saint-Esprit doit pénétrer dans notre cœur et nous rendre attentifs à l'ignominie du péché, à la véracité de la Parole de Dieu et à la grande valeur de Christ.

Jésus ne pouvait être plus clair : il n'existe pas de vie chrétienne sans l'action de l'Esprit qui convertit. Il nous rend capables de comprendre et de discerner spirituellement les choses de Dieu (1 Co 2.12-14). Il accorde la repentance qui conduit à la vie (Ac 11.18). Il répand l'amour de Dieu dans notre cœur (Ro 5.5). Il rend apte à saisir les promesses de Dieu (Jn 1.12,13). « Nul ne peut venir à moi, si cela ne lui a été donné par le Père », affirme Jésus dans Jean 6.65.

Comment les élus viennent-ils à Dieu ? « C'est l'Esprit qui vivifie ; la chair ne sert à rien. Les paroles que je vous ai dites sont Esprit et vie » (Jn 6.63). La foi au Fils résulte donc de l'appel du Père et de la communication de l'Esprit. La foi elle-même est par conséquent un don accordé au moment de la conversion, lors de la nouvelle naissance opérée par l'Esprit au moyen de la Parole de Dieu (1 Pi 1.23-25).

Le Saint-Esprit applique

Songez à tout ce que Christ a accompli. Il a observé toutes les ordonnances de la loi. Il a revêtu une chair humaine et satisfait la justice divine. Il a triomphé de la mort, du péché et du diable. En tant que Messie fidèle à l'alliance, il a acquis toute bénédiction spirituelle pour son peuple (Ép 1.3). Jésus-Christ est sagesse, justice, sanctification et rédemption (1 Co 1.30).

L'union avec Christ

Comment tout ce que Christ a accompli peut-il devenir nôtre ? C'est une question que la plupart d'entre nous ne se sont jamais posée. Voici ce qu'en dit Calvin :

> Nous avons à voir, maintenant, comment les biens que Dieu le Père a mis en son Fils nous parviennent, puisque le Fils ne les a pas reçus pour lui-même, mais pour en faire bénéficier ceux qui sont spirituellement indigents et démunis. Tout d'abord , il est clair que tant que nous ne sommes pas à Christ (Ép 4.15), tout ce qu'il a fait ou souffert pour le salut des hommes est dépourvu de sens et d'utilité pour nous.[10]

Comment bénéficier des biens acquis par Christ ? Calvin répond : « Le Saint-Esprit est comme le lien par lequel le Fils de Dieu nous unit à lui de façon efficace[11] ».

Dans Romains 8.9-11, Paul raisonne de la même manière. Si l'Esprit habite en nous, nous avons l'Esprit de Christ (v. 10), et si l'Esprit est en nous, nous aurons la vie en Jésus-Christ (v. 11). En somme, lorsqu'on a l'Esprit, on a Christ ; et lorsqu'on a Christ, on a l'Esprit. Le Saint-Esprit nous unit à Christ, parce que l'Esprit est l'Esprit de Christ. Il est l'Esprit d'adoption qui fait de nous des enfants de Dieu le Père en nous unissant à Christ notre frère (Ro 8.15 ; Ga 4.6 ; Hé 2.17). Par l'Esprit, Dieu a déchiré le maillot de l'équipe « premier Adam » que nous portions et nous a revêtus du maillot de l'équipe « second Adam ».

Nous ne réfléchissons pas souvent à cet aspect de la rédemption ; John Murray déclare pourtant que l'union avec Christ est « la vérité centrale de toute la doctrine du salut[12] ». Notre union avec Christ est tellement centrale que Paul utilise environ 160 fois l'expression « en Christ[13] ». Justification, réconciliation, rédemption, adoption, sanctification, glorification, tout cela est à nous grâce à notre union avec Christ. D'une façon mystérieuse et surnaturelle qui transcende les contingences spatiales, Christ est en nous par l'Esprit pour que nous soyons en communion avec lui et ayons part à tous ses biens.

Le baptême dans l'Esprit comme union avec Christ

Un autre passage mérite une attention particulière : « Nous avons tous, en effet, été baptisés dans un seul Esprit, pour former un seul corps, soit Juifs, soit Grecs, soit esclaves, soit libres, et nous avons tous été abreuvés d'un seul esprit » (1 Co 12.13). Des chrétiens continuent de débattre du sens de ce verset. Ce baptême est-il quelque chose dont tous les chrétiens font l'expérience, ou s'agit-il d'une bénédiction spéciale accordée à certains ? La réponse est évidente.

L'expression « baptême dans/de/par l'Esprit » (*en pneumati*) revient sept fois dans le Nouveau Testament. Quatre de ses occurrences se trouvent dans les Évangiles, lorsque Jean-Baptiste annonce que le Seigneur Jésus baptisera du Saint-Esprit (Mt 3.11 ; Mc 1.8 ; Lu 3.16 ; Jn 1.33). On la rencontre une cinquième fois dans Actes 1.5, où Jésus évoque la parole de Jean-Baptiste. Elle figure une sixième fois dans Actes 11.16, lorsque Pierre rappelle à son tour les paroles de Jésus avant son ascension (Actes 1.5). Toutes ces références au baptême dans l'Esprit annoncent ou rappellent ainsi la même expérience : l'effusion de l'Esprit à la Pentecôte.

Le septième passage, 1 Corinthiens 12.13, est unique parce qu'il ne fait pas directement référence à la Pentecôte. En effet, ni Paul ni les Corinthiens ne se trouvaient à Jérusalem pour être baptisés de l'Esprit. C'est pourquoi certains chrétiens enseignent que ce texte parle d'une expérience qu'ils qualifient de « deuxième bénédiction », postérieure à la conversion et réservée à quelques chrétiens. Mais cette explication d'une deuxième bénédiction ne tient pas debout. Le texte déclare, en effet, que *tous* ont été baptisés dans l'Esprit et que *tous* ont été abreuvés de l'Esprit.

Quelle que soit la pensée de Paul concernant cette réalité, il affirme clairement que tous les croyants de Corinthe l'ont expérimentée. D'ailleurs, compte tenu du contexte plus large, Paul ne peut faire mention d'une deuxième bénédiction spéciale dont certains chrétiens seulement font l'expérience. Après avoir souligné la diversité des dons dans le corps, l'apôtre se concentre sur l'unité entre les Corinthiens. Ils ont peut-être des dons différents, mais ils ont tous été baptisés dans un seul Esprit.

Tout chrétien a fait l'expérience du baptême dans l'Esprit car tout chrétien est né de nouveau et a été uni à Christ par la vertu du Saint-Esprit demeurant en lui. Le baptême dans l'Esprit n'est donc, en définitive, rien d'autre que notre union avec Christ. L'Esprit qui a d'abord été répandu à la Pentecôte demeure désormais dans chaque croyant, l'unissant à Christ et le comblant de tous ses bienfaits.

Permettez-moi une illustration familière. Le baptême de l'Esprit ressemble à ce succulent jet de glaçage répandu sur chaque beignet de la chaîne de fabrication. Chaque beignet le reçoit et voit ainsi son goût amélioré. De manière similaire, Jésus nous baptise dans l'Esprit pour que nous expérimentions sa puissance et soyons comblés de ses biens. John Stott le résume ainsi : le baptême de l'Esprit est une bénédiction particulière (qui se réalise seulement dans la nouvelle alliance), une bénédiction initiale (qui arrive lors de la conversion) et universelle (accordée à tout croyant authentique)[14].

Le Saint-Esprit glorifie

Ce sous-titre pourrait faire croire que je poursuis dans la même ligne, celle de « l'ordre du salut », et que je vais expliquer comment le Saint-Esprit conduit le chrétien vers la glorification finale. Ce n'est pas le cas, car ce n'est pas ce dont Jésus parle dans la chambre haute. Dans sa cinquième promesse relative à la venue de l'Esprit, il envisage une autre sorte de glorification :

> Quand le consolateur sera venu, l'Esprit de vérité, il vous conduira dans toute la vérité ; car il ne parlera pas de lui-même, mais il dira tout ce qu'il aura entendu, et il vous annoncera les choses à venir. Il me glorifiera, parce qu'il prendra de ce qui est à moi, et vous l'annoncera. Tout ce que le Père a est à moi ; c'est pourquoi j'ai dit qu'il prend de ce qui est à moi, et qu'il vous l'annoncera (Jn 16.13-15).

Ce sont les dernières paroles de Jésus concernant le Saint-Esprit. Et que souligne-t-il au moment de monter sur la croix ? La mission centrale et souvent ignorée de l'Esprit qui est de glorifier Christ. De façon très directe, Jésus parle aux Douze de l'œuvre que l'Esprit accomplira dans le futur proche en leur révélant la pleine gloire de Christ (Jn 7.39). Mais par ricochet, la promesse de Jésus s'applique également à l'œuvre de l'Esprit qui glorifie Christ dans notre cœur grâce à la vérité que les disciples s'apprêtent à voir. Ce passage est important, car il nous permet d'éviter deux erreurs courantes.

La première consiste à opposer l'Esprit à l'Écriture. La promesse de Jésus n'a rien à voir avec une prétendue révélation de l'Esprit quant à la personne que je dois épouser ou la profession que je dois choisir. En disant que « l'Esprit vous conduira dans toute la vérité » (Jn 16.13), Jésus ne pensait nullement à cet aspect des choses. Il s'adresse aux apôtres (v. 12). Ce sont eux qui seront conduits dans « toute la vérité ».

« Toute la vérité » qu'ils recevront ne concerne pas la connaissance du moindre recoin de l'univers, depuis les supernovae jusqu'à l'ADN. La « vérité » dont Jésus parle est celle qui traite de tout ce qui touche à sa personne, lui qui est le chemin, la vérité et la vie. L'Esprit annoncera les choses à venir (Jn 16.13), non dans le sens prédictif, mais dans le sens explicatif, en révélant la signification des événements encore à venir pour eux, à savoir la mort de Jésus-Christ, sa résurrection et son ascension. Parlant au nom du Père et du Fils, l'Esprit aidera les apôtres à se rappeler ce que Jésus avait dit et à comprendre la véritable signification de la nature de Jésus et de son œuvre (Jn 14.26).

Cela signifie que l'Esprit est responsable des vérités que les apôtres ont prêchées et qui ont ensuite été consignées par écrit dans ce qui est le Nouveau Testament. Nous nous fions à la Bible parce que les apôtres et ceux qui dépendaient de leur autorité l'ont écrite grâce à la révélation du Saint-Esprit. La Bible est le livre de l'Esprit. Il a inspiré l'Ancien Testament, comme l'affirment les apôtres (Ac 4.25 ; 28.25 ; Hé 3.7 ; 2 Pi 1.21) ainsi que le Nouveau Testament, comme Jésus l'a indirectement promis dans Jean 16.

Nous ne pouvons donc accorder aucun crédit à ceux qui, comme les mormons, prônent une révélation continue qui s'ajoute au contenu doctrinal du Nouveau Testament. Nous n'acceptons pas non plus la suggestion des théologiens libéraux qui prétendent que c'est faire offense au Saint-Esprit que de s'en tenir méticuleusement aux Écritures. Parole et Esprit sont indissociablement liés. Nous entendons l'Esprit en sondant les Écritures et, dans notre méditation de la Parole, nous devons prier pour avoir son illumination.

La deuxième erreur que ce passage nous permet d'éviter est d'opposer l'Esprit à Christ. Le Saint-Esprit est un Esprit de service. Il ne dit que ce qu'il entend (Jn 16.13). Il annonce ce qui lui a été ordonné ; il a pour mission de glorifier un autre

(v. 14). Les trois personnes de la Trinité sont pleinement Dieu ; pourtant, dans l'économie divine, le Fils fait connaître le Père et l'Esprit glorifie le Fils. Mais il est grave de négliger le Saint-Esprit et d'ignorer son rôle indispensable dans notre vie. Cependant, ne croyons pas que l'on puisse trop se focaliser sur Christ. L'Esprit n'est pas vexé si nous portons notre attention sur Christ. Celui qui exulte en Christ montre par là que l'Esprit est à l'œuvre ! L'Église ne fixe pas son attention sur la colombe mais sur la croix, et c'est bien ce que recherche l'Esprit. Comme le déclare J. I. Packer : « Le message que l'Esprit nous adresse n'est jamais : "Regarde-moi, écoute-moi, viens à moi, cherche à me connaître" mais toujours : "Regarde-*le* et contemple *sa* gloire ; écoute-*le* et sois attentif à *sa* parole ; va vers *lui* pour avoir la vie ; apprends à *le* connaître et apprécie *son* don de joie et de paix"[15] ».

Tout ce qui vient d'être dit sur l'œuvre de l'Esprit qui révèle et glorifie le Fils permet de comprendre pourquoi l'idée de chrétiens qui s'ignorent est une erreur monumentale. Je me souviens d'un professeur d'université qui prétendait ceci : « puisque Dieu est souverain et que l'Esprit souffle où il veut, il pourrait bien être porteur de salut dans toutes les religions, opérant la nouvelle naissance chez leurs adeptes et les unissant à Christ à leur insu ». Il croyait que des gens pouvaient être sauvés en Christ sans jamais avoir entendu parler de lui et sans avoir cru en lui. Cette façon de penser « inclusiviste » est assez répandue. Même C. S. Lewis l'avait adoptée :

> Certains n'acceptent pas l'intégralité de la doctrine chrétienne concernant le Christ ; pourtant, ils sont si fortement attirés par lui, que déjà son influence sur eux est plus profonde qu'ils n'en ont conscience. Dans d'autres religions, on trouve des gens que l'influence secrète de Dieu amène à réfléchir sur les aspects de leur religion qui s'accordent avec le christianisme ; on peut estimer qu'ils appartiennent au Christ sans le savoir. Par exemple, un bouddhiste de bonne volonté peut être conduit à se concentrer de plus en plus sur

la miséricorde et à reléguer à l'arrière-plan (bien qu'il puisse encore y croire) l'enseignement bouddhiste sur certains autres points[16].

J'ai souvent beaucoup appris de C. S. Lewis, mais raisonner comme lui sur ce point, c'est méconnaître la mission de l'Esprit à la Pentecôte et pendant l'ère qu'il a ouverte. L'œuvre du Saint-Esprit consiste à glorifier Christ en prenant ce qui est à lui – son enseignement, la vérité concernant sa mort et sa résurrection – et en le faisant connaître. Le Saint-Esprit n'agit pas sans avoir avant tout la gloire de Christ en point de mire. On peut soutenir que son œuvre primordiale est de glorifier Christ. Il ne peut s'en acquitter sans braquer les projecteurs sur Christ pour que les élus le voient et en jouissent.

Le Saint-Esprit sanctifie

La salutation qui introduit la première lettre de Pierre est un exemple clair de la nature trinitaire de notre salut. Les croyants « dispersés » sont élus selon la prescience de Dieu le Père, par la sanctification de l'Esprit pour qu'ils obéissent à Jésus-Christ et soient purifiés par son sang (1 Pi 1.2). Le Saint-Esprit sanctifie de deux manières. Il nous met d'abord à part *en Christ* pour que nous soyons lavés par son sang. Ensuite il agit *en nous* pour nous rendre obéissants à Jésus-Christ. En nous sanctifiant, l'Esprit nous procure une nouvelle position et nous revêt d'une nouvelle puissance.

C'est généralement sur le deuxième élément, la puissance nouvelle, que nous focalisons nos pensées lorsque nous parlons de sanctification. Bien que la sanctification désigne également une position, elle indique généralement, en tant que concept théologique, notre sanctification progressive, c'est-à-dire la manière dont Dieu agit en nous selon son bon plaisir au fur et à mesure que nous mettons en œuvre notre salut avec crainte et tremblement (Ph 2.12-13). Ou, comme le déclare Paul dans Romains 8.9-13, nous ne sommes plus dans la chair mais dans l'Esprit (position) ; c'est pourquoi nous devons faire mourir les actions du corps (puissance).

Même si nous devons faire des efforts pour croître en sainteté (2 Pi 1.5), le Saint-Esprit nous rend capables de les fournir. La Bible n'est pas une publicité à bon marché nous exhortant à changer et nous lançant un « Vous pouvez le faire ! » enthousiaste. Nous avons déjà été transformés. Nous sommes déjà une nouvelle création en Christ (2 Co 5.17) et avons déjà une force nouvelle qui agit dans notre être intérieur (Ép 3.16), produisant en nous le fruit de l'Évangile par l'Esprit (Ga 5.22,23). Comme Dieu habite en nous par l'Esprit, la Bible prévoit que, par le même Esprit, nous commencions à devenir participants des attributs de Dieu lui-même (2 Pi 1.4). Certes, un combat se livre toujours en nous. Mais grâce à l'Esprit, de réels progrès et la victoire sont possibles. Le Nouveau Testament nous demande tout simplement d'agir en fonction de ce que nous sommes.

Comment l'Esprit nous revêt-il de puissance pour croître en sainteté ? Pensons de nouveau à la métaphore de la lumière. Nous l'avons vu, le Saint-Esprit agit comme une lampe qui éclaire nos recoins sombres, expose notre péché et nous pousse à la repentance. L'Esprit est aussi une lampe qui illumine la Parole de Dieu, enseigne ce qui est vrai et révèle sa grande valeur (1 Co 2.6-16). Ainsi que nous l'avons vu dans Jean 16, le Saint-Esprit dirige un faisceau lumineux sur Christ pour nous faire contempler sa gloire et sa beauté, et nous transformer en conséquence.

C'est le raisonnement stupéfiant que tient Paul dans 2 Corinthiens 3.18 : « Nous tous dont le visage découvert reflète la gloire du Seigneur, nous sommes transformés en la même image, de gloire en gloire, par l'Esprit du Seigneur ». De même que le visage de Moïse resplendissait lorsqu'il contemplait la gloire du Seigneur sur le mont Sinaï, nous sommes transformés lorsque nous contemplons la gloire de Dieu sur la face de Christ. Nous n'avons évidemment pas un visage brillant et bronzé, mais nous ressemblons de plus en plus à l'image de celui que nous voyons. Nous devenons ainsi ce que nous contemplons.

Ma femme aime admirer les patineuses sur glace. Elle apprécie le côté artistique et la beauté de cette discipline. Elle apprécie également les articles élogieux de la presse écrite et télévisuelle consacrés à ces jeunes femmes. Personnellement, je trouve tout cela ennuyeux, mais je dois reconnaître qu'elles arrivent à faire des choses remarquables. Je suppose que la plupart d'entre elles ont grandi en regardant du patinage artistique. Elles se sont probablement émerveillées devant les lutz, les doubles axels et les triples salchows (quels noms !). Je suis sûr que beaucoup d'entre elles ont été envoûtées dès leur plus jeune âge par des championnes comme Isabelle Duchesnay. Elles se sont peut-être dit : « Voilà ce que je veux faire ! C'est stupéfiant ! Incroyable ! Comment devenir comme elle ? » Il faut évidemment beaucoup d'entraînement avant de devenir une patineuse de renommée mondiale. De même, la sanctification exige des efforts de notre part. Mais dans les deux cas, la perspective de la gloire est ce qui inspire, motive et façonne l'effort. La vision de l'éclat éblouissant et de la majesté est transformatrice par elle-même.

En conséquence, lorsque l'Esprit est à l'œuvre pour nous sanctifier – en révélant notre péché, la vérité et la gloire de Christ – nous lui faisons une grave offense en nous détournant de lui. La Bible dit alors que nous lui résistons (Ac 7.51), que nous l'éteignons (1 Th 5.19) ou que nous l'attristons (Ép 4.30). Il n'y a peut-être que des nuances mineures entre ces termes, mais ils indiquent tous les trois que nous nous opposons à l'action du Saint-Esprit dans notre vie. Lorsque nous rejetons ce que la Parole de Dieu veut nous dire, lorsque nous détournons les yeux quand l'Esprit expose notre péché, quand nous disons une chose en tant que chrétiens et agissons autrement, nous péchons contre l'Esprit[17].

Le Saint-Esprit équipe

Le Saint-Esprit ne se contente pas de nous revêtir de puissance pour mener une vie semblable à celle de Christ ; il nous équipe aussi pour un service semblable à celui de Christ. Le terme « plénitude » décrit cet équipement. L'Esprit remplit de hardiesse, de courage, de sagesse, de foi et de joie (Ac 6.3 ; 11.24 ; 13.52). Même s'il habite déjà en nous, l'Esprit peut encore nous remplir plus ou moins, comme un ballon dans lequel on peut insuffler plus ou moins d'air (si vous soufflez dedans, il se dilate et prend une plus grande ampleur). Être remplis de l'Esprit ne fait pas nécessairement de nous des gens aux réactions plus émotionnelles ou plus spontanées. Mais chaque fois que nous adorons sincèrement le Seigneur, que nous lui disons notre profonde reconnaissance et notre soumission volontaire, soyons sûrs que c'est l'Esprit qui nous remplit (Ép 5.18-21).

Les dons spirituels

On utilise aussi le terme « don » à propos de l'équipement fourni par l'Esprit. Ce mot, *charisma* en grec, a un sens assez large[18]. D'une manière générale, le don est la manifestation de la grâce divine dans et à travers son peuple[19]. Dans 1 Corinthiens 12.4-6, le don désigne un service ou une activité. Les grandes listes de dons du Nouveau Testament ne sont pas des descriptions exhaustives de l'équipement fourni par l'Esprit[20]. Ces listes se recoupent, elles sont imprécises et liées à certaines circonstances. Paul déclare tout simplement : « L'Église est composée de toutes sortes de gens qui accomplissent différentes choses par la main de Dieu. Par exemple... ». En d'autres termes, chaque fois que la grâce de Dieu agit visiblement pour le bien commun, les dons spirituels sont à l'œuvre.

Les dons spirituels n'ont pas pour but d'impressionner les gens ou de communiquer à celui qui les possède le sentiment d'une puissance personnelle. La manifestation de l'Esprit est donnée pour le bien commun et l'édification de l'Église (1 Co 12.7 ; 14.12, 26). Les dons sont accordés en vue du service et du ministère, au profit du corps de Christ.

De plus, le Saint-Esprit distribue ses dons aux chrétiens comme il le veut (1 Co 12.11). Ce n'est pas comme si le Saint-Esprit portait un grand sac plein de dons qui serait déchargé à l'aveuglette sur le peuple de Dieu. Il ne distribue pas ses dons en nous plaçant dans une baraque remplie de dons et où chacun se sert à volonté, les malchanceux n'ayant plus que le don d'administration en réserve. Non, le Saint-Esprit répartit ses dons de façon soignée et personnelle. Il en accorde à chaque chrétien en vue du service. Nous *pouvons* donc servir. Nous *devons* même le faire. Que ce soit à l'intérieur ou à l'extérieur de l'enceinte de son église, chaque chrétien doit agir pour le bien commun. Aller à l'église, ce n'est pas comme aller au cinéma. C'est plutôt s'engager dans une armée. Chaque soldat doit faire sa part ; il n'est pas question que les uns grignotent calmement des pop-corn pendant que les autres luttent dans les tranchées.

Ces dons controversés

Mon exposé sur les dons spirituels serait incomplet si je n'abordais pas la controverse concernant les « dons miraculeux ». D'un côté se trouvent les cessationistes, ceux qui affirment que certains de ces dons, comme ceux du parler en langues et de la prophétie, ont cessé d'être pratiqués après la période apostolique. Leurs arguments sont les suivants :

> 1) Les dons miraculeux étaient nécessaires uniquement comme signes pour la mise en place de l'Évangile et de l'Église en prouvant leur authenticité.

> 2) D'après 1 Corinthiens 13.8-10, les dons de prophétie, des langues et de la connaissance cesseront « quand ce qui est parfait sera venu ». Une minorité de partisans prônant la cessation des dons miraculeux estime que ce « parfait » correspond à la formation finale du canon biblique.

> 3) Les dons de révélation, tels que ceux des langues et de la prophétie, sapent l'autorité et la suffisance de la Bible.

4) Les dons miraculeux observés de nos jours ne sont pas analogues à ceux exercés dans le Nouveau Testament.

De l'autre côté, on trouve les partisans de la permanence de tous les dons. Ils justifient ainsi leur point de vue :

1) Sans affirmation explicite du contraire, nous devons penser que tous les dons sont encore exercés et les désirer ardemment (1 Co 14.1).

2) Le « parfait » de 1 Corinthiens 13 fait référence au retour de Christ, et non à la composition achevée du canon biblique (beaucoup de cessationistes partagent cette exégèse, mais ils en tirent des conclusions différentes).

3) Les dons de révélation ne revêtent pas la même autorité que l'Écriture. Ils doivent toujours être mis à l'épreuve.

4) Que les dons actuels soient identiques à ceux du Ier siècle ou non, nous devons accepter la manière dont l'Esprit agit aujourd'hui parmi nous.

Je crois que les partisans des deux interprétations ont fini par se rendre compte qu'ils sont davantage d'accord qu'ils ne le pensaient autrefois. Ils sont unanimes sur les points suivants :

1) Toute proclamation doit être soumise au contrôle de l'Écriture.

2) Rien ne peut être ajouté à l'Écriture.

3) Il n'est pas sage de revendiquer personnellement une parole comme venant du Seigneur pour quelqu'un d'autre.

4) Nous devons être ouverts à l'action de l'Esprit par des moyens non discursifs, qu'il s'agisse de « prophétie », d'« illumination » ou d'autres manifestations.

Voir aujourd'hui les adeptes des deux camps capables de collaborer et d'adorer Dieu ensemble est l'un des signes encourageants dans le monde évangélique. Ils estiment que ce qu'ils ont en commun dans l'Évangile est bien plus important que ce qui les divise sur la question des dons spirituels.

Le Saint-Esprit promet

Éphésiens 1.3 marque le début de l'explosion glorieuse de louange par laquelle Paul exalte les bienfaits qui sont nôtres en Christ Jésus. Ce concert de louanges va crescendo et culmine avec la mention du sceau de l'Esprit : « En lui vous aussi, après avoir entendu la parole de la vérité, l'Évangile de votre salut, en lui vous avez cru et vous avez été scellés du Saint-Esprit qui avait été promis, lequel est un gage de notre héritage, pour la rédemption de ceux que Dieu s'est acquis, pour célébrer sa gloire » (Ép 1.13,14).

Scellés

Que signifie être « scellés du Saint-Esprit qui avait été promis » ? Ce langage peut nous paraître obscur, mais il ne l'était probablement pas pour les Éphésiens. Dans l'Antiquité, le sceau remplissait trois fonctions : (1) Il authentifiait : pensons à une lettre portant l'empreinte du sceau officiel du roi sur la cire. (2) Il garantissait : pensons à la marque au fer rouge sur le bétail pour protéger les animaux des voleurs. (3) Il indiquait le titre de propriété : pensons au tampon qui figure sur la page de garde d'un livre précieux et qui indique à qui il appartient. Paul se sert de l'image du sceau pour exprimer tous ces aspects.

Le sceau de l'Esprit nous authentifie comme véritables croyants, garantit notre sécurité éternelle et nous désigne comme propriété de Dieu. C'est comme si Dieu avait mis son cachet sur chacun de nous pour indiquer que nous lui appartenons.

Même si certains chrétiens ne pensent pas comme moi, je crois que l'Esprit scelle le chrétien de son sceau au moment de la conversion. Comme l'affirme Peter O'Brien : « Le sceau indique que les lecteurs ont effectivement reçu l'Esprit. Paul établit ainsi un lien entre l'écoute de l'Évangile, la foi et la réception de l'Esprit ; ce sont là des éléments importants de la conversion-initiation[21] ».

Dans ce passage, les temps employés confirment cette interprétation : « Après avoir entendu... vous avez cru et vous avez été scellés du Saint-Esprit ». L'Esprit scelle à l'instant même où l'individu croit. C'est pourquoi l'apôtre peut écrire aux Éphésiens en ayant l'assurance qu'ils ont été scellés du Saint-Esprit promis, bien qu'il ne les voie pas. Cet acte de l'Esprit est une œuvre objective, opérée en nous simultanément avec la régénération et l'habitation de l'Esprit.

Mais l'objectivité de cette œuvre de l'Esprit ne nous empêche pas d'en avoir une expérience subjective. Nous *devons* même prier pour faire l'expérience de l'amour de Dieu répandu dans notre cœur (Ro 5.5). Ne nous contentons pas d'espérer seulement que l'Esprit est bien notre garant ; efforçons-nous aussi de goûter profondément la bonne nouvelle qu'il est l'acompte de notre héritage (2 Co 5.5 ; Ép 4.30). Le sceau de l'Esprit existe même si nous n'en avons pas la pleine assurance, tout comme les 50 cm de glace d'un lac gelé peuvent nous supporter, même si nous avons peur que l'épaisseur soit d'à peine 5 cm. Il est cependant préférable de patiner librement, avec l'assurance qu'aucun danger ne nous menace.

Le sceau de l'Esprit promis qui nous garantit la rédemption finale est un don que tout chrétien possède et dont il est invité à jouir (Ép 1.18). L'Esprit est comme la bague de fiançailles que Dieu nous offre en disant : « Cette promesse n'est que le début. Tu n'imagines pas à quel point je vais te bénir. Un festin de noces incroyable t'attend. Mais je t'ai déjà donné mon Esprit pour que tu puisses y croire ».

Avance et frappe à la porte

Que faire de cette vérité concernant la personne et l'œuvre du Saint-Esprit ? Jésus donne quelques bons conseils à ce sujet. Mais d'abord, une histoire.

C'est samedi matin, et il est à peine sept heures. Cela signifie que si c'est l'hiver et que vous vivez à notre latitude, le soleil est encore couché. Sans vous laisser décourager par l'obscurité, et tenaillé par la faim, vous décidez de faire quelques crêpes. Vous prenez de la farine et un peu d'huile. Puis vous ouvrez le réfrigérateur pour prendre un œuf. Il vous suffit d'un œuf pour satisfaire votre appétit et celui de votre famille. Hélas, le réfrigérateur ne contient pas le moindre œuf.

Vous vous précipitez chez votre voisin et vous frappez doucement à la porte. Au bout d'une silencieuse minute, la porte grince et s'ouvre.

« — Que voulez-vous ? C'est samedi matin, et les enfants sont encore tous au lit. D'ailleurs, je devrais y être, moi aussi.

— Je suis navré de vous importuner, mais j'aurais besoin d'un œuf.

— Revenez à 9 heures et demie. »

Vous coincez la porte avec votre pied et adressez une ultime supplication. « Pardonnez-moi, mais d'ici, je vois votre frigo. Il ne vous faudra pas plus de dix secondes pour me chercher juste un œuf. Ensuite, vous pourrez vous recoucher. » Avec un peu d'insistance, vous obtiendrez certainement votre œuf, et votre famille aura ses crêpes.

Un jour, Jésus a raconté une histoire analogue. Voici la conclusion qu'il en tire :

> Et moi, je vous dis : Demandez, et l'on vous donnera ; cherchez, et vous trouverez ; frappez, et l'on vous ouvrira. Car quiconque demande reçoit, celui qui cherche trouve, et l'on ouvre à celui qui frappe. Quel est parmi vous le père qui donnera une pierre à son fils,

s'il lui demande du pain ? Ou, s'il demande un poisson, lui donnera-t-il un serpent au lieu d'un poisson ? Ou, s'il demande un œuf, lui donnera-t-il un scorpion ? Si donc, méchants comme vous l'êtes, vous savez donner de bonnes choses à vos enfants, à combien plus forte raison le Père céleste donnera-t-il le Saint-Esprit à ceux qui le lui demandent (Lu 11.9-13).

Votre Père céleste vous aime plus que vous n'aimez votre propre famille. Aucun de nos chers petits n'a jamais ouvert une boîte de vipères le jour de Noël car, bien que méchants, nous aimons offrir de bons cadeaux à nos enfants et petits-enfants. À combien plus forte raison Dieu se réjouit de nous donner de très bons cadeaux !

Allez donc de l'avant et frappez. Demandez-lui le meilleur de tous les cadeaux. Demandez-lui une présence plus importante de l'Esprit dans votre vie. Demandez à Dieu de remplir votre Église avec la puissance de l'Esprit. N'aimeriez-vous pas une dose plus grande de Christ, de repentance, de piété dans votre vie ? N'aimeriez-vous pas que votre Église soit plus aimante, plus fidèle, plus courageuse, plus à l'honneur de Dieu ? N'apprécieriez-vous pas une plénitude plus totale ?

Nous n'avons qu'une chose à faire : demander. Jésus lui-même a promis une réponse favorable. Demandez le Saint-Esprit, et il vous sera donné ; cherchez, et vous trouverez ; frappez, et on vous ouvrira.

NOTES

1. Sinclair B. Ferguson, *L'Esprit Saint*, Collection « Théologie », Éditions Excelsis, 1996, p. 16.
2. Cette liste est empruntée à Robert Letham, *The Holy Trinity: In Scripture, History, Theology, and Worship*, Phillipsburg, NJ, P&R, 2004, p. 60-61.
3. Voir Mt 28.19 ; 1 Cor 12.4-6 ; 2 Cor 1.21,22 ; 13.13 ; 1 Pi 1.2.
4. Ferguson, *L'Esprit Saint*, p. 35.
5. Si la Bible enseigne clairement que l'Esprit a été envoyé conjointement par le Père et par le Fils, il est en revanche plus difficile de savoir si l'Esprit procède éternellement du Père et du Fils. D'après la plus ancienne version de la Confession de Nicée-Constantinople (389), le Saint-Esprit « procède du Père ». L'expression « et du Fils » (*filioque*) a été ajoutée au Concile de Tolède (589), ce qui a fait grand bruit et entraîné un schisme entre l'Église d'Occident et l'Église d'Orient. La controverse qui s'ensuivit s'explique en partie par des raisons politiques, en partie par des raisons théologiques et en partie par des malentendus. La Tradition occidentale cadre bien avec l'insistance biblique sur l'œuvre du Saint-Esprit qui nous façonne à l'image de Christ et nous met en garde contre des notions du salut qui situent l'œuvre de l'Esprit au centre, indépendamment de Christ. Mais ceux qui défendent le *filioque* (ce que je ferais) doivent cependant écouter avec bienveillance les préoccupations des Orientaux. Voir Letham, *Holy Trinity*.
6. Voir D. A. Carson, *L'Évangile selon Jean*, Éditions Excelsis – Publications chrétiennes, 2011, p. 704-709.
7. Jonathan Edwards, « The Distinguishing Marks of a Work of the Spirit of God », dans *Jonathan Edwards on Revival*, 1741 ; réimpression Edimbourg, Banner of Truth, 1995, p. 121.
8. Voir John Piper, *Finally Alive*, Ross-shire, Écosse, Christian Focus, 2009, p. 30-31.

9. Ibid., p. 39-42.
10. Jean Calvin, *L'institution de la religion chrétienne*, Éditions Excelsis/Kerygma, 2009, III.1.1.
11. Ibid.
12. John Murray, *Redemption, Accomplished and Applied*, Grand Rapids, MI, Eerdmans, 1955, p. 161.
13. D'après Ferguson, *L'Esprit Saint*, p. 115.
14. John Stott, *Du baptême à la plénitude*, Éditions Emmanuel, 1975, p. 44-45.
15. J. I. Packer, *Keep in Step with the Spirit: Finding Fullness in Our Walk with God*, Grand Rapids, MI, Baker, 2005, p. 57.
16. C. S. Lewis, *Les fondements du christianisme*, Ligue pour la Lecture de la Bible, 2006, p. 210.
17. Voir Graham Cole, *Engaging with the Holy Spirit: Real Questions, Practical Answers*, Wheaton, Illinois, Crossway, 2007, p. 49, 81, 97.
18. Voir Ro 1.11 ; 5.15,16 ; 6.23 ; 11.29 ; 2 Co 1.11 ; Hé 2.4.
19. Sur ce point les charismatiques et les non-charismatiques sont d'accord. Voir Wayne Grudem, *Systematic Theology: An Introduction to Biblical Doctrine*, Grand Rapids, MI, Zondervan, 1994, p. 1016 ; Richard B. Gaffin, *Perspectives on Pentecost: New Testament Teaching on the Gifts of the Holy Spirit*, Phillipsburg, NJ, P&R, 1979, p. 47.
20. Voir Ro 12.6-8 ; 1 Co 12.8-10, 28 ; Ép 4.11.
21. Peter T. O'Brien, *The Letter to the Ephesians*, Grand Rapids, MI, Eerdmans, 1999, p. 120.

TIMOTHY SAVAGE

Titulaire d'un doctorat en théologie de l'université de Cambridge et d'une maîtrise en théologie du *Dallas Theological Seminary*, Timothy Savage est depuis 1988 le pasteur principal de *Camelback Bible Church* dans la ville de Paradise Valey en Arizona. Il est l'auteur du livre *Power through Weakness*.

L'Église :
le nouveau peuple de Dieu

TIMOTHY SAVAGE

Elle est le rassemblement d'individus le plus stratégique de ce monde. Grâce à ses divers ministères, de grands pans de l'humanité sont délivrés du mal et arrachés au désespoir. Par sa voix, la vie nouvelle est proclamée à des civilisations entières. Elle regroupe des gens animés par la gloire de Dieu. Quelle association humaine pourrait donc posséder de telles caractéristiques ? Une seule : l'Église de Jésus-Christ[1].

Peu de chrétiens ont conscience de la nature explosive de l'Église à laquelle ils appartiennent. Il y a plusieurs années, alors que je conduisais le prédicateur anglais John Stott à l'endroit où il devait prêcher, je lui demandais quelle était, d'après lui, la doctrine la plus négligée chez les chrétiens contemporains. M'attendant à ce qu'il réponde « la théologie » (notre conception de Dieu trop étriquée) ou « la sotériologie » (nos méthodes d'annonce du salut trop individualistes), je fus surpris de l'entendre déclarer sans hésiter : « l'ecclésiologie ». Pour moi, la doctrine biblique de l'Église paraissait secondaire comparée à d'autres plus fondamentales ; elle ne méritait pas l'importance que mon interlocuteur lui accordait. Mais depuis, après avoir réfléchi à l'enseignement biblique sur l'Église, j'en suis arrivé à reconsidérer mon point de vue. C'est dans l'Église de Jésus-Christ que le plan divin de la création s'accomplit.

L'ÉGLISE ET LE PLAN DE DIEU

D'après la Bible, Dieu met en œuvre un plan aux dimensions cosmiques. Il est en train de réunir toutes choses pour sa gloire. Écrivant aux croyants d'Éphèse, l'apôtre Paul fait une déclaration étonnante : Dieu veut « réunir toutes choses en Christ, celles qui sont dans les cieux et celles qui sont sur la terre » (Ép 1.10). Paul indique quelques versets plus loin où s'effectue précisément cette « réunion » globale : Dieu « a donné [Christ] pour chef suprême à l'Église » (Ép 1.22).

De manière remarquable, l'Église constitue l'épicentre de l'ambitieux projet divin de réunion. Elle est le socle de la mise en œuvre du plan divin dans le monde, le lieu où « toutes choses » sont rassemblées sous l'autorité de Christ. Si nous voulons voir ce que Dieu est en train d'opérer sur cette planète – et qui voudrait manquer quelque chose d'aussi spectaculaire ? – observons l'Église. C'est là et seulement là que nous trouvons un peuple soudé et rempli de toute la plénitude de Dieu (Ép 1.23 ; 3.19).

Le lien entre Christ et l'Église est extrêmement fort. L'Église est le corps de Christ, et il en est la tête (Col 1.18). L'Église reflète la puissance de résurrection de Christ même (Ép 1.19,20). Elle personnifie son amour (Ép 5.2). Elle manifeste sa plénitude (Col 2.9,10). Elle est un « homme nouveau » parvenu à la stature parfaite de Christ (Ép 4.13). Mais l'Église est également distincte de Christ. Elle est son épouse (Ép 5.25-27). Elle est celle dont il prend soin et qu'il nourrit chaque jour comme son propre corps (Ép 5.29). Elle est le dépositaire de la sagesse du Père (Ép 3.10). C'est en elle que Dieu reçoit toute la gloire (Ép 3.21). Elle est une source de lumière divine qui nous guide, un avant-goût de la gloire céleste (Ép 1.18).

Le peuple de Dieu en tant que famille

La meilleure conception de l'Église (tenant compte à la fois de son lien organique avec Christ et de ce qui la distingue de Christ) est peut-être celle d'une famille, unie par le sang. Les membres de l'Église sont « parents de sang ». Ils ont le même Père, de qui chaque famille dans le ciel et sur la terre tire son nom (Ép 3.15). Ils ont le même frère aîné, Christ (Hé 2.17), dont le sang répandu sur la croix les a réconciliés avec le Père céleste (Col 1.20). La même fraternité les unit également à leurs frères et sœurs en Christ (Col 1.2), qui les a réconciliés par le même sang versé sur la croix (Ép 2.13).

C'est surtout en tant que famille que l'Église constitue le joyau de l'œuvre de Dieu dans la création. Cela ne doit pas nous surprendre, car Dieu a toujours agi par l'intermédiaire de familles. Dès le commencement, il a fait connaître son projet en utilisant la famille. Il serait avantageux pour nous, alors que nous nous interrogeons sur le rôle unique et puissant de l'Église, de remonter le cours de l'Histoire jusqu'à la famille originelle, celle d'Adam et Ève, et de remarquer comment leur union sert à illustrer ce qui deviendra plus tard l'Église de Jésus-Christ.

La famille originelle

Le drame du sixième jour de la création ne cessera jamais de nous surprendre. C'est ce jour-là que Dieu a façonné son *magnum opus*, un être humain, et qu'il lui a confié le magnifique jardin du paradis. Apparemment, la nouvelle créature ne manquait de rien. Elle jouissait des biens abondants et inestimables répandus par la main d'un Créateur plein d'amour. Pourtant, fait étonnant, quelque chose manquait. Quelque chose n'était « pas bon ». L'homme solitaire n'avait pas « d'aide », quelqu'un qui lui corresponde (Ge 2.18). Il n'était qu'un élément d'un puzzle de deux pièces et le morceau manquant n'était nulle part. Non seulement il était privé du réconfort d'une compagne mais, plus grave encore, il était incapable de remplir sa mission dans la création.

L'homme était créé pour refléter l'image de Dieu, pour montrer sa ressemblance avec son Créateur (Ge 1.26). Il ne pouvait s'acquitter tout seul d'une mission si vaste. C'est pourquoi, lorsque Dieu façonna l'être humain, il le fit « homme et femme » (Ge 1.27). En d'autres termes, Dieu façonna l'homme comme une famille, capable de nouer des relations interpersonnelles inhérentes à toute famille. La dimension relationnelle voulue par Dieu est à peine surprenante puisqu'il existe en Dieu lui-même des relations trinitaires entre le Père, le Fils et le Saint-Esprit. Pour refléter l'image divine, il fallait donc au minimum une dualité de personnes. L'homme a besoin d'aide pour sa noble vocation. Il lui faut une famille.

La première famille reçut une mission sublime. À peine Dieu avait-il inscrit son image en Adam et Ève qu'il leur donna ce commandement : « Soyez féconds, multipliez, remplissez la terre et assujettissez-la » (Ge 1.28). Ce qui ressemble à une recette de surpopulation de la planète est en fait un sage conseil en vue d'une bénédiction écologique. En souhaitant la multiplication des familles, Dieu veut remplir la terre d'unités relationnelles qui reflètent son image, afin que le moindre recoin de la création soit soumis par la présence de son image. En vertu du décret souverain d'un Dieu infiniment sage, la famille est le vecteur de l'image trinitaire répandue aux confins de la terre.

Le peuple de Dieu, l'image de Dieu et Christ

Ce constat appelle une question : « Quel aspect de la ressemblance divine les familles doivent-elles diffuser ? » Ou, plus précisément : « Quelle est la vraie nature de l'image de Dieu ? » Au cours des siècles, de telles questions ont donné lieu à bien des spéculations. En effet, le contexte immédiat de la Genèse et celui, plus lointain, de tout l'Ancien Testament, jettent peu de lumière sur la nature de l'image de Dieu. C'est pour cela que les rabbins de la période intertestamentaire ont avancé leurs propres idées, se mettant à associer l'image divine à la gloire de Dieu. Reproduire l'image de Dieu, c'est refléter sa gloire. Comme cette interprétation n'est pas divinement inspirée, elle pourrait nous paraître inadéquate aujourd'hui. Mais l'un de ces rabbins, pharisien converti au christianisme, a écrit plusieurs épîtres dans lesquelles il réaffirme le lien entre l'image de Dieu et la gloire de Dieu. Et ces épîtres, les lettres de l'apôtre Paul, sont inspirées ! Paul y défriche de nouveaux terrains et identifie un lien encore plus stratégique : un rapport entre l'image de Dieu et la gloire de Christ.

Selon Paul, nous voyons parfaitement en Christ l'image et la gloire de Dieu (2 Co 4.4 ; Col 1.15). La nature de l'image de Dieu n'est donc plus un objet de spéculation : il nous suffit de contempler la gloire divine sur la face de Jésus-Christ (2 Co 4.6). Le paragraphe des écrits de Paul qui définit probablement le plus précisément la nature de cette image se trouve dans l'hymne célèbre de Philippiens 2 :

> [...] existant en forme de Dieu [expression pratiquement synonyme d'image de Dieu], [Christ] n'a point regardé son égalité avec Dieu comme une proie à arracher, mais il s'est dépouillé lui-même, en prenant une forme de serviteur, en devenant semblable aux hommes ; et il a paru comme un vrai homme, il s'est humilié lui-même, se rendant obéissant jusqu'à la mort, même jusqu'à la mort de la croix (v. 6-8).

Des richesses indicibles de son égalité avec Dieu à la mort la plus avilissante de l'Antiquité, des hauteurs inaccessibles aux profondeurs les plus inimaginables, d'un extrême à l'autre, telle est la mesure du dépouillement volontaire de Christ jusqu'à la mort. C'est la plus parfaite expression de l'amour sacrificiel de toute l'Histoire. Et selon Paul, c'est également la révélation la plus claire de ce que signifie refléter l'image de Dieu. En Jésus-Christ, nous contemplons la ressemblance au Père céleste. Sur la croix, nous avons un portrait qui montre Dieu et que les familles créées à son image sont censées refléter. C'est un tableau de l'amour infini.

Le peuple de Dieu, l'image de Dieu et l'amour

Ce portrait s'accorde avec ce que la Bible nous dit ailleurs de Dieu. « Dieu est amour », affirme l'apôtre Jean (1 Jn 4.8, 16). Et cet amour n'est en rien comparable à ce qui existe sur la terre ; loin de l'amour superficiel, conditionnel et sentimental qui règne chez les adeptes postmodernes de ce terme. L'amour divin est un amour surnaturel, cette sorte d'amour que seuls le Seigneur et ceux qui portent son image peuvent exprimer. C'est un amour « plus grand » (Jn 15.13), un amour prêt à donner sa vie (1 Jn 3.16), à s'intéresser profondément à la vie d'autrui (Lu 10.25-37), à renoncer à tout pour racheter l'existence des autres (Mc 10.45). C'est précisément l'amour qui circule entre les membres de la Divinité. Le Père aime le Fils (Jn 17.26), le Fils aime le Père (Jn 15.9), et le Saint-Esprit glorifie le Père et le Fils (Jn 14.26).

De nombreux auteurs ont vu dans cet amour altruiste le trait caractéristique de la Divinité. « L'essence même de Dieu est un amour qui subsiste éternellement et nécessairement entre les différentes personnes de la Divinité[2] ». Le « Dieu en trois personnes » manifeste « un amour infini dans ses relations[3] ». « L'amour qui se donne est la devise dynamique de la vie trinitaire de Dieu[4] ». « L'image de Dieu » reflète celui « dont l'amour était orienté vers autrui avant même la création de quoi que ce soit[5] ».

Le plus frappant concernant l'amour de Dieu, et certainement le plus pertinent pour notre compréhension de l'Église, est peut-être le fait que Dieu tient à partager son amour avec nous, non seulement en nous faisant les objets de cet amour, mais en nous équipant aussi pour que nous puissions le communiquer à d'autres. En nous créant à son image, il nous a fourni le nécessaire pour reproduire l'amour existant au sein de la famille trinitaire ; les membres de nos familles peuvent ainsi donner et recevoir cet amour.

Quand nous honorons notre vocation, quand des familles répandant l'amour se dispersent à la surface de la terre, nous soumettons la planète à une sorte d'économie qui profite au monde et à tout ce qu'il contient. Par l'émigration au loin de familles qui reflètent l'image de Dieu qui se donne, la création entonne un chant fervent de reconnaissance à son Créateur.

Le peuple de Dieu, l'image de Dieu et le péché

Cependant, un problème émerge. Le peuple de Dieu n'a pas été fidèle à la mission que Dieu lui a confiée. Au lieu de manifester un amour altruiste, il est accapareur. « La femme vit [...] l'arbre [...], elle *prit* de son fruit [...], elle en donna aussi à son mari » (Ge 3.6). Tragiquement, le péché de la première famille a de ce fait entraîné la chute de toutes les familles. « Car tous ont péché et sont privés de la gloire de Dieu » (Ro 3.23). Loin de répandre la gloire de l'image divine sur la terre entière, les familles ont recherché leur propre gloire et recouvert la planète d'une terrible obscurité. En effet, le moindre mal terrestre prend sa source dans cette seule faute adamique. Toutes les divisions relationnelles – violences réciproques, querelles raciales ou désaccords internationaux – proviennent de l'incapacité à incarner la gloire de l'amour divin.

Notre examen du peuple de Dieu s'arrêterait sur cette fin brutale si l'amour de Dieu pour les pécheurs n'était pas plus fort que sa condamnation du péché. Soyons toutefois certains que le Père céleste hait le péché, qui constitue un affront personnel. Il porte atteinte à sa gloire dans le monde et efface l'éclat des hommes et des femmes créés à son image. Quel bon père ne serait pas furieux contre la déchéance de ses enfants ? Et qui condamnerait un tel père si, dans sa colère, il abandonnait tout simplement sa descendance aux conséquences de sa rébellion et livrait ainsi les familles au cancer de leur égocentrisme ?

LE SALUT DU PEUPLE DE DIEU

Pourtant, de façon stupéfiante, notre Père céleste a conçu un plan de sauvetage pour l'humanité. Il a choisi une famille parmi toutes les familles et lui a enjoint de refléter une fois de plus la gloire de son image dans le monde. La famille de Noé, sauvée du déluge, est d'abord appelée à se multiplier et à remplir toute la terre (Ge 9.1). Hélas, Noé et sa progéniture tombent dans le péché même qui avait déjà entraîné la ruine d'Adam et Ève. Dieu choisit alors une autre famille dont le chef est cette fois-ci le patriarche Abraham, et il charge sa postérité d'être l'agent de bénédiction pour « toutes les familles de la terre » (Ge 12.3). Malheureusement, cette famille tombe à son tour dans le péché et réduit la gloire et l'image de Dieu à un simple scintillement de ce qu'elles devaient être à l'origine. Maintes et maintes fois, Dieu, par grâce, régénère son peuple, suscite de nouvelles versions de la nation d'Israël et les invite à observer fidèlement l'alliance ainsi qu'à refléter son caractère dans le monde. Mais bien souvent, à l'exception de quelques exemples de réussite, Israël échoue dans sa tentative de vivre à la hauteur de sa vocation.

La famille de Dieu est manifestement incapable de s'acquitter de sa mission divine. Elle échoue au plus profond de son être. Fondamentalement, elle ne glorifie pas Dieu. Elle défend spontanément ses propres intérêts. À cause de sa dureté innée, Israël est à l'opposé du projet de Dieu pour son peuple.

Mais l'échec du peuple élu n'a pas surpris Dieu et n'a pas anéanti son plan pour la création. En effet, la partie la plus importante de ce plan est encore à venir. L'Ancien Testament fournit des indices alléchants de sa révélation finale. Dieu établira « une nouvelle alliance avec la maison d'Israël » en éradiquant le défaut du péché. « Je mettrai ma loi au-dedans d'eux, je l'écrirai dans leur cœur » (Jé 31.31-33). « Je vous donnerai un cœur nouveau [...] Je mettrai mon Esprit en vous » (Éz 36.26,27).

Par son Esprit, Dieu pratiquera une chirurgie cardiaque, il donnera une nouvelle impulsion au cœur de l'homme, il y écrira une loi intérieure que l'apôtre Paul identifie à la loi de l'amour : « Car toute la loi est accomplie dans une seule parole, celle-ci : Tu aimeras ton prochain comme toi-même » (Ga 5.14). C'est une promesse étonnante. Depuis les temps immémoriaux, Dieu avait l'intention de façonner une famille nouvelle, dont le cœur serait débarrassé du péché, rempli de la loi d'amour et qui battrait sous l'impulsion de l'Esprit de Dieu lui-même. La création attend avec impatience l'apparition de cette famille !

L'annonce d'un nouveau peuple

Le prophète Ésaïe anticipe la venue de cette famille recréée. Il identifie le nouvel « Israël » au serviteur de l'Éternel qui, dans des termes évoquant ceux de la Genèse, viendra « pour être la lumière des nations, pour porter [son] salut jusqu'aux extrémités de la terre » (És 42.6 ; 49.6). Ésaïe ne révèle jamais clairement à quel moment cette famille apparaîtra, mais il donne des indices importants. Un enfant naîtra (És 9.5,6), et deviendra un serviteur qui endurera des souffrances indicibles (És 52.13–53.12).

À partir de là, les indices deviennent plus difficiles à déchiffrer. Le serviteur est identifié tantôt à la famille de Dieu (És 41.8), tantôt à un individu particulier (És 49.6,7). Comment le serviteur (dont les souffrances donneraient vraisemblablement naissance à une humanité nouvelle) peut-il être à la fois un ensemble de personnes et une personne seule ? C'est au lecteur d'y réfléchir. Mais au fil des siècles, tout devient clair : dans une ville modeste d'une province romaine reculée, non loin de la côte orientale méditerranéenne, un enfant est né. « Lorsque les temps ont été accomplis, Dieu a envoyé son Fils » (Ga 4.4).

Christ et le peuple de Dieu

Ce fils – qui a pour nom Jésus, pour mission d'être le Messie et pour titre Seigneur – va accomplir le plan éternel annoncé par Ésaïe. L'apôtre Paul jubile en intitulant ce plan : « Le mystère caché de tout temps et dans tous les âges, mais révélé maintenant à ses saints [...] Christ en vous, l'espérance de la gloire » (Col 1.26,27). Voici enfin arrivée la présence de Dieu dans l'être humain annoncée par les prophètes, la gloire de l'image de Dieu inscrite dans le cœur humain, la substitution du péché par la loi interne de l'amour. Christ, dont la mort volontaire sur la croix représente la quintessence de l'amour divin exprimé, vient désormais habiter en nous. Grâce à la présence de Christ en nous, l'amour surnaturel de Dieu peut être parfait dans notre cœur (1 Jn 4.12).

Le corps de Christ : personnel et communautaire

Puisque nous nous focalisons sur la nature et le rôle de l'Église, il est absolument essentiel de reconnaître que l'amour de Christ, qui demeure en nous, est répandu dans une pluralité de cœurs humains. Lorsque l'apôtre Paul écrit ces mots définitifs sur le parchemin : « Christ en vous, l'espérance de la gloire », il signale, en utilisant la deuxième personne du pluriel, que le bienfait est accordé à un ensemble de personnes.

Cela ne signifie pas que Christ n'habite pas dans chacun des cœurs. Il y demeure très certainement, mais ces cœurs ne sont pas isolés les uns des autres. Finalement, c'est dans une famille de cœurs que Christ établit sa demeure (2 Co 4.6). Sur terre, où trouve-t-on une telle famille remplie d'amour ? L'Écriture répond sans ambages à cette question : c'est dans le corps dont Jésus-Christ est la tête, c'est-à-dire l'Église qui porte son nom.

Nous sommes enfin en mesure de comprendre le merveilleux prodige de cette sainte communauté. Mais avant d'en tirer plusieurs implications, il importe de considérer un point vital : si la qualité de membre de l'Église est accordée gratuitement, elle n'est pas automatique. Elle a été obtenue à grand prix par Dieu. Dans notre état naturel, nous sommes morts à cause du péché et totalement inaptes à accueillir la présence du Seigneur. Sur la croix, dans un acte de sacrifice volontaire infiniment supérieur à tout ce que l'Histoire humaine a connu, Christ a annulé la dette de notre péché et nous a imputé sa justice (Col 2.13,14 ; 2 Co 5.21).

Il a en outre brisé les liens du péché en étant le premier homme à passer sa vie entière sans rechercher sa propre gloire, au point même d'endurer volontairement l'ignominie d'une mort par crucifixion (1 Jn 3.5). Par son triomphe du péché dans ces deux domaines – en payant la dette de notre péché et en détruisant son pouvoir –, Christ nous qualifie pour devenir membres de sa sainte communauté. Notre inclusion dans le corps de Christ s'effectue gratuitement pour nous, mais à un prix exorbitant pour lui. Nous pensons trop souvent à la croix simplement dans ses effets bénéfiques pour les individus. Grâce à l'Évangile de Jésus-Christ, des êtres humains peuvent être individuellement sauvés de la colère divine et avoir l'assurance d'une place éternelle au ciel. S'il ne faut absolument pas minimiser ces réalités mais les chanter à gorge déployée, limiter les effets de l'œuvre de Christ au seul salut des individus, c'est lire la Bible à travers les lunettes de l'individualisme de notre époque. Quiconque est réconcilié personnellement avec Dieu par le corps physique de Christ se trouve automatiquement inclus dans le corps communautaire de Christ. « Nous avons tous, en effet, été baptisés dans un seul Esprit, pour former un seul corps » (1 Co 12.13). Et c'est par-dessus tout au sein du corps communautaire, au sein du peuple de Dieu nouvellement constitué en Christ et par lui, que la dimension supérieure des plans de Dieu pour la création acquiert une définition époustouflante.

Le corps de Christ : local et universel

L'Église de Jésus-Christ est un corps très étendu, elle n'est rien de moins que la communauté des croyants répandus sur toute la terre. Autrement dit, c'est une Église universelle. Mais – et la distinction est de taille – l'Église universelle n'est forte que dans la mesure où ses manifestations locales sont solides. C'est principalement au niveau de l'assemblée locale que s'incarne le plan de Dieu pour la création. Voilà pourquoi l'apôtre Paul prie de manière précise pour les Églises locales de Galatie et d'Éphèse, visite les Églises locales de Corinthe et de Philippes, écrit aux Églises locales de Rome et de Thessalonique. Dans notre étude individuelle de la Bible, nous interprétons souvent ces épîtres de façon personnelle. Pourtant, leur contenu vise avant tout à édifier des assemblées entières de personnes, les Églises locales.

La dimension communautaire du projet de Dieu tient du génie. Le monde lui-même n'est rien d'autre qu'un ensemble de relations humaines dont la plupart sont brisées, déchirées par les discordes et les querelles, ruinées au bout du compte par l'égocentrisme du péché. La désunion s'est installée à tous les niveaux, depuis les plus petites unités relationnelles comme le mariage (près de la moitié des mariages se solde par un divorce en occident) jusqu'aux unités plus vastes comme les nations (on dénombre actuellement près d'une quarantaine de conflits internationaux), en passant par toutes les relations intermédiaires (on peut multiplier à l'infini les conflits entre sexes, races, partis politiques, générations, orientations sexuelles, et toutes sortes d'autres relations). Les ruptures et les divisions dans les relations constituent les ténèbres les plus répandues dans notre monde.

L'UNITÉ DANS L'ÉGLISE

Mais ce sont des ténèbres que l'Église locale est particulièrement apte à dissiper. Une unité remarquable existe dans la famille de Dieu. Les relations autrefois brisées ont été ressoudées de façon surnaturelle. Même les Juifs et les non-Juifs, des peuples connus pour leur hostilité réciproque, sont réunis en un seul corps. Comment ? Ils ont été « rapprochés par le sang de Christ » (Ép 2.13). Ils ont été réconciliés « avec Dieu l'un et l'autre en un seul corps, par la croix, en détruisant par elle l'inimitié » (Ép 2.16). Christ a porté un coup mortel au pouvoir de division du péché, aux fléaux sociaux de l'égoïsme et de l'orgueil. Il a renversé les murs de séparation et réuni dans une seule humanité une nouvelle maison : « L'édifice, bien coordonné, s'élève pour être un temple saint dans le Seigneur […] une habitation de Dieu en Esprit » (Ép 2.15, 19-22).

Par Christ, Dieu est vraiment en train d'établir sa demeure dans cette famille fraîchement constituée. C'est une bonne chose, car son don d'amour vit dans les cœurs de cette sainte humanité, soudant toujours plus ses membres. Ainsi, la nouvelle famille unie sert de signal d'espoir pour les foyers brisés de ce monde. Par l'intermédiaire des Églises locales qui se multiplient et remplissent la terre, la gloire unificatrice de Christ devient visible pour les relations dévastées de cette planète.

Les dons spirituels

Il est important de comprendre exactement comment l'amour de Dieu agit en pratique. De façon remarquable, toute personne née de nouveau en Christ arrive dans l'Église locale avec un legs surnaturel accordé par un Dieu de grâce, un don du Saint-Esprit, un talent spécial et unique. Il peut s'agir du don de servir, d'enseigner, d'exercer la foi, d'administrer, ou d'autres encore (voir les listes dans Ro 12.6-8 ; 1 Co 12.7-10).

Il ne faut sous-estimer aucun don, chacun représente un bienfait énorme accordé « selon la mesure du don de Christ » (Ép 4.7), et chacun est efficace, car « un seul et même Esprit opère » chez les croyants (1 Co 12.11). Dieu distribue avec sagesse les dons à son peuple, s'assurant que les Églises locales sont pourvues des ressources nécessaires à la manifestation de sa gloire ; il « a placé chacun des membres dans le corps comme il a voulu » (1 Co 12.18).

Voici la chose la plus importante à saisir à propos des dons spirituels : le Saint-Esprit les accorde pour qu'ils soient transmis, répandus sur d'autres membres du corps en vue de sa croissance, « en vue de l'édification du corps de Christ » (Ép 4.12). Si chaque membre de l'Église locale exerce son don, si chacun s'investit spirituellement dans la vie des autres, le résultat est tout simplement époustouflant : il se forge entre les membres de l'Église une union glorieuse. « Tout le corps, bien coordonné et formant un solide assemblage, tire son accroissement selon la force qui convient à chacune de ses parties, et s'édifie lui-même dans l'amour » (Ép 4.16). Rien que cela !

Lorsque des gens répandent leurs dons sur d'autres membres du corps, tous forment alors une composition presque homogène. En s'offrant aux autres, ils les incorporent à eux-mêmes. Les lois de la physique semblent prises en défaut (qui n'a jamais entendu parler d'une pression vers l'extérieur faisant apparaître une union sans faille ?), c'est pourtant ce qui se produit. Lorsque chaque membre du corps s'engage au service des autres, tous les membres deviennent de plus en plus unis, au point de commencer à ressembler à Christ lui-même.

En fait, ce qui circule entre eux, c'est précisément l'amour de Christ qui demeure en eux. Caractérisée par les multiples formes de son amour façonné par la croix, l'Église locale parvient « à l'état d'homme fait, à la mesure de la stature parfaite de Christ » (Ép 4.13), et croît « à tous égards en celui qui est le chef, Christ » (Ép 4.15). Regarder l'assemblée de son peuple, c'est – littéralement – contempler le Seigneur Jésus en personne.

La puissance de l'Église

Il est presque impossible de surestimer la puissance de cette expérience. Elle ressemble à la fusion nucléaire. Les atomes sont parmi les plus petits et les plus imperceptibles prodiges de la nature, mais lorsque ces éléments microscopiques fusionnent, ils produisent une réaction extrêmement puissante. Lorsque plusieurs de ces atomes condensés sont à leur tour fusionnés avec d'autres atomes, une énergie encore plus grande est libérée : une explosion thermonucléaire capable d'éclairer des villes entières.

Comment un atome si petit et apparemment si insignifiant peut-il produire une énergie si remarquable ? Dans ma jeunesse, je réfléchissais souvent à cette question alors que je surfais au large de la centrale nucléaire de San Onofre, en Californie. En attendant une vague favorable, je regardais l'immense dôme et les milliers de pylônes disposés comme une armée, prêts à transporter d'impressionnantes quantités d'énergie produite par des particules tellement infimes qu'on ne les voit pas à l'œil nu. C'était un spectacle fascinant.

Pourtant, l'énergie déployée dans la fusion nucléaire n'est rien à côté de celle mise en œuvre au sein d'une Église locale. Lorsque les membres d'une Église locale s'offrent mutuellement l'amour de Christ, ils déclenchent une série d'« explosions » impressionnantes, des réactions en chaîne et une quantité d'énergie suffisante non pour alimenter l'éclairage public et les fours à micro-ondes, mais – et c'est plus important – pour apporter la lumière spirituelle à un monde qui meurt dans les ténèbres. Aux yeux des citoyens en loques de ce monde, empêtrés dans leurs discordes et leurs divisions, l'amour que répand l'Église locale pourrait difficilement être une image plus vivifiante. À la vue de cet amour, beaucoup feront monter la louange à celui qui en est la source (Mt 5.16).

L'amour et l'Église

Aussi les exhortations de Paul aux Églises locales se répètent-elles invariablement : « Mais par-dessus toutes ces choses revêtez-vous de l'amour, qui est le lien de la perfection » (Col 3.14) ; « Ne devez rien à personne, si ce n'est de vous aimer les uns les autres ; car celui qui aime les autres a accompli la loi » (Ro 13.8) ; « Maintenant donc ces trois choses demeurent : la foi, l'espérance, l'amour ; mais la plus grande de ces choses, c'est l'amour » (1 Co 13.13) ; « Rendez-vous, par amour, serviteurs les uns des autres. Car toute la loi est accomplie dans une seule parole, celle-ci : Tu aimeras ton prochain comme toi-même » (Ga 5.13,14) ; « Et que le Seigneur fasse croître et abonder l'amour que vous avez les uns pour les autres » (1 Th 3.12).

L'apôtre Jean adresse la même exhortation : « Car ce qui vous a été annoncé et ce que vous avez entendu dès le commencement, c'est que nous devons nous aimer les uns les autres » (1 Jn 3.11) ; « Bien-aimés, aimons-nous les uns les autres ; car l'amour est de Dieu » (1 Jn 4.7). Pierre fait de même : « Avant tout, ayez les uns pour les autres un ardent amour » (1 Pi 4.8). Ces exhortations puisent certainement leur source dans les paroles mêmes de Jésus : « À ceci tous connaîtront que vous êtes mes disciples, si vous avez de l'amour les uns pour les autres » (Jn 13.35). L'amour est la condition *sine qua non* de l'appartenance à la famille de Dieu.

Les exemples d'action de cet amour sont omniprésents dans le canon apostolique : « Portez les fardeaux les uns des autres, et vous accomplirez ainsi la loi de Christ » (Ga 6.2) ; « Que chacun de vous, au lieu de considérer ses propres intérêts, considère aussi ceux des autres. Ayez en vous les sentiments qui étaient en Jésus-Christ » (Ph 2.4,5) ; « Recherchez toujours le bien, soit entre vous, soit envers tous » (1 Th 5.15) ; « Soyez bons les uns envers les autres, compatissants, vous pardonnant réciproquement » (Ép 4.32) ; « Réjouissez-vous avec ceux qui se réjouissent ; pleurez avec ceux qui pleurent. Ayez les mêmes sentiments les uns envers les autres » (Ro 12.15,16). On pourrait multiplier les exemples indéfiniment, car la manière dont une Église locale reflète quelque chose d'aussi infini que l'amour de Christ est sans limites. Cet amour surpasse toute connaissance (Ép 3.19).

Aucun mot humain ne peut capter l'importance stratégique de cet amour. L'Église locale et son amour constituent le seul antidote sûr pour un monde postmoderne embourbé dans le péché et le désespoir. Les hommes de notre temps essaient de mettre un pied devant l'autre et de maintenir une vie qui ait du sens, mais ils sombrent constamment dans les sables mouvants du doute et de la confusion. Dans leur recherche d'amitiés, ils plongent dans les plaies de l'âme. En quête de compagnie, ils s'enlisent dans la solitude. Dans leur poursuite d'assurance, ils sont criblés par le doute et le manque de confiance en soi. Soupirant après la sécurité, ils sont en proie à l'anxiété.

Ils sont las, abandonnés dans les ténèbres et connaissent peu de satisfactions, ce qui ne les empêche pas de chercher une consolation dans toute activité capable de les distraire du vide de leur existence – un écran, une bière, un flirt. Lorsque ces choses se révèlent à leur tour incapables de les combler, le désespoir s'installe et les gens commencent à souhaiter – voire à prier – qu'une voix puisse se faire entendre, bien au-dessus de la mêlée, et attire leur attention sur quelque chose de beau, de consistant, de transcendant – n'importe quoi, pourvu que cela chasse le désespoir et suscite de l'espérance.

Il existe une réalité qui proclame exactement une telle délivrance. Elle est si radieuse qu'elle métamorphose son environnement. Cette réalité, c'est le corps de Christ. Entrevoir l'Église locale en action, ses membres interagissant avec amour, partageant les dons que Dieu leur a accordés, témoignant de l'amour de Jésus-Christ lui-même à la croix par leur abnégation permanente, c'est contempler plus de lumière que le non-chrétien ne peut capter. C'est voir ce qui fait défaut au monde, un amour sans lequel l'âme dépérit et meurt, un amour auquel tous aspirent, consciemment ou non. Cet amour ne se trouve que dans l'Église locale.

L'Église sans compromis

Cela nous amène à une question vitale. L'Église locale parviendra-t-elle à remplir sa mission et à briller telle une lumière radieuse dans les ténèbres ? Gardera-t-elle, même péniblement, sa position de dépositaire de l'amour trinitaire ? Il n'est pas surprenant que Paul supplie ses frères et sœurs en Christ de nourrir leur amour et de maintenir l'unité à tout prix :

« Si donc il y a quelque consolation en Christ, s'il y a quelque soulagement dans l'amour, s'il y a quelque communion d'esprit, s'il y a quelque compassion et quelque miséricorde, rendez ma joie parfaite, ayant un même sentiment, un même amour, une même âme, une même pensée. Ne faites rien par esprit de parti ou par vaine gloire, mais que l'humilité vous fasse regarder les autres comme étant au-dessus de vous-mêmes. Que chacun de vous, au lieu de considérer ses propres intérêts, considère aussi ceux des autres. Ayez en vous les sentiments qui étaient en Jésus-Christ » (Ph 2.1-5).

Tant de choses dépendent de l'unité dans l'Église locale. Il convient donc de la préserver avec la plus extrême vigilance.

Soyons reconnaissants que l'Église ne soit pas livrée à elle-même dans cet effort. Le Seigneur lui-même est un guide fiable en matière de sanctification de l'Église. Dans sa souveraineté, il conduit son peuple dans l'expérience inattendue de la souffrance car, par elle, il peut éliminer l'orgueil qui provoque si facilement la désunion. En d'autres termes, il favorise l'humilité (sans laquelle il ne saurait y avoir d'amour authentique) en soumettant son peuple à toutes sortes d'afflictions semblables à celles qu'il a lui-même connues.

Il demande à ses disciples de porter toujours avec eux dans leur corps « la mort de Jésus » (2 Co 4.10) et de suppléer dans leur chair « à ce qui manque aux souffrances de Christ » (Col 1.24). Plus ils deviennent « conforme[s] à [Christ] dans sa mort » (Ph 3.10), plus ils persévèrent et subissent le même ostracisme que le Seigneur lui-même (2 Co 13.4), plus les membres de l'Église se préparent à manifester « la vie de Jésus dans [leur] corps » (2 Co 4.10). Ce rejet est la conséquence logique de la manifestation d'un amour si opposé à l'égoïsme ambiant qu'il porte un coup mortel au monde et à ses méthodes. Les membres de l'Église se préparent à devenir des canaux de la vie de résurrection pour un nombre croissant de personnes, faisant du même coup « abonder, à la gloire de Dieu, [leurs] actions de grâces » (2 Co 4.15). Lorsqu'elle procède de la main d'un Dieu souverain, la souffrance suscite paradoxalement l'amour et encourage un témoignage radieux dans le monde (1 Pi 1.6,7).

L'ÉGLISE ET L'EXPANSION

Si l'Église locale doit conserver l'unité à l'intérieur, elle doit aussi démontrer son unité à l'extérieur. Autrement dit, le nouveau peuple de Dieu doit éviter l'insularité. Dieu utilise cette famille pour afficher sa gloire devant les gens du monde, cela fait partie intégrante de son plan cosmique. « Je sanctifierai mon grand nom [...] et les nations sauront que je suis l'Éternel, dit le Seigneur, l'Éternel, quand je serai sanctifié par vous sous leurs yeux » (Éz 36.23). Pourtant, même des Églises qui tiennent à répandre la lumière divine au-dehors peuvent trébucher dans leur témoignage. Elles peuvent vouloir impressionner et attirer les gens de l'extérieur par des moyens mondains, en adoptant des formes de culte, des manières de s'habiller et même des sermons qui correspondent aux goûts du monde.

Cette approche est totalement erronée. Lorsque les Églises locales s'efforcent de donner aux personnes ce qu'elles désirent, elles ne parlent plus le même langage que l'Évangile de Christ. Elles devront à un moment donné redresser la barre, faire demi-tour et secouer leurs auditeurs en leur révélant que les vrais disciples de Christ meurent à leurs désirs – ils se renient eux-mêmes, se chargent de leur croix et suivent Jésus (Mc 8.34,35). Je doute que de nombreuses Églises locales puissent arriver d'elles-mêmes à désavouer ce qu'elles ont initialement dit pour séduire les gens.

L'Évangile de Christ : un repoussoir pour le monde

L'Église locale doit se souvenir que c'est quand elle diffère le plus du monde qu'elle lui est le plus utile. Elle ne doit pas non plus essayer d'être différente. Il lui suffit d'être elle-même, un signe radieux de l'amour désintéressé de Christ. C'est en étant elle-même qu'elle aime réellement le monde. Pourrait-il y avoir une plus grande marque d'amour, à une époque perdue dans les brumes de la subjectivité, que celle de prêcher la vérité de la Parole de Dieu et l'Évangile sans fard de Jésus-Christ ? Pourrait-il y avoir une plus grande marque d'amour, dans un monde embourbé dans le désespoir et bombardé par des chansons tristes, que le tressaillement de joie effrénée générée par le culte chrétien et les cantiques exaltant Christ ? Pourrait-il y avoir une plus grande marque d'amour, à une époque où les gens cherchent vainement en tâtonnant un amour capable de nourrir leur âme, que celle qui consiste à inonder les nouveaux venus d'une compassion semblable à celle découlant de la croix de Christ ? C'est quand elle incarne le plus clairement ce qui fait défaut au monde que l'Église locale l'aime le mieux.

Martyn Lloyd-Jones, un grand prédicateur du siècle dernier, a lancé un vrai défi à l'Église de son époque :

> « Nous semblons avoir horreur d'être différents. C'est de là que viennent toutes nos tentatives et tous nos efforts de rendre l'Église populaire et attractive pour les gens [...]. [Mais] le monde s'attend à ce que le chrétien soit différent et attend de lui quelque chose

de différent, montrant ainsi un aperçu de l'existence d'une vie qui fait souvent défaut à ceux qui vont à l'église seulement par habitude [...]. Si [une personne] se sent à l'aise dans une Église quelconque sans croire en Christ comme son Sauveur personnel, l'Église en question n'en est pas du tout une ; elle n'est qu'un lieu de distraction ou un club social[6]. »

L'Église locale doit se lever et montrer ce qu'elle doit être véritablement, une assemblée de personnes décidées à prêcher le pur Évangile de Jésus-Christ. En fait, l'Évangile doit être le centre de tout ce qu'est une Église et de tout ce qu'elle fait. Pour Paul, cela signifie deux choses : annoncer que le Christ Jésus est Seigneur, et que nous sommes serviteurs à cause de Jésus (2 Co 4.5). Aucun de ces points n'aurait convenu au monde égoïste de l'Antiquité gréco-romaine et aucun n'aurait été approuvé comme stratégie destinée à attirer les perdus. Mais Paul ne se dérobe pas. Sa prédication est inflexible.

Il est intéressant de noter que Paul, ici seulement, utilise le verbe « prêcher » avec plus d'un seul complément ; l'un indique un fait (Christ Jésus comme Seigneur), l'autre un comportement (nous-mêmes comme vos serviteurs). Au centre de son *kerygma*, Paul proclame à la fois que Jésus est Seigneur et que lui, Paul, est serviteur. Si nous suivons son exemple et prêchons comme lui et si (ce qui en résulte) les Églises locales deviennent les servantes dans leur monde comme Paul et, mieux encore, Christ l'étaient dans le leur (Mc 10.35-45), alors notre prédication sera non seulement plus complète, mais également accueillie avec plus de gratitude.

Amener le monde à Christ

Toute Église locale qui sert dans le monde qui l'entoure comme Christ a servi dans le sien poursuit deux objectifs : amener le monde à Christ et amener Christ au monde. L'une des meilleures manières d'amener le monde à Christ est d'inviter les gens à assister aux rencontres de l'Église locale. Le grand prédicateur

Charles Spurgeon a dit : « J'ai été ravi en voyant plusieurs membres de l'Église s'efforcer d'amener des pécheurs au Tabernacle pour y entendre l'Évangile[7] ». Reconnaissons que ce n'est pas une idée très prisée par les stratèges actuels de l'Église, qui pensent que nous devons au contraire rencontrer les gens dans leur environnement familier, autour d'une tasse de café au moment des pauses sur le lieu de travail, après plusieurs heures passées au bar à la fin d'une manifestation sportive, ou en promenant nos chiens ensemble.

S'ils sont peu à mettre en doute qu'il est vital, pour le témoignage de l'Église locale, de faire un pas vers le monde, nous ratons une occasion stratégique si nous négligeons d'inviter le monde dans notre maison, là où la famille de Dieu se rassemble pour adorer Christ, où les membres écoutent l'Évangile de Christ fidèlement prêché et soigneusement appliqué, où les gens veillent les uns sur les autres au moyen d'expressions radicales d'amour façonné par Christ, où, dans un recoin de ce monde troublé, une famille fonctionne conformément à l'image de la famille trinitaire divine. Au milieu de l'omniprésence de relations brisées et de familles déchirées, où les hommes pourraient-ils voir la meilleure façon d'être humain, sinon dans la famille de Dieu ? Nous devons inviter le monde dans nos Églises.

Paul souligne ce point en attirant l'attention sur le fait que l'organisme appelé « Église locale » constitue un kaléidoscope d'unités relationnelles. L'apôtre associe les membres du corps ecclésiastique par paires : maris et femmes, parents et enfants, employeurs et employés (Ép 5.22–6.9 ; Col 3.18–4.1). On remarque d'emblée que chaque paire représente l'une des trois bases fondamentales de la société. L'importance de ces paires ne procède pas de leur présence dans toute société, mais de leur présence dans la société de Dieu.

Pour Paul, l'Église locale est le rassemblement social fondamental et, à ce titre, elle doit servir de modèle aux paires de ce monde. Dans ses relations interpersonnelles, et en particulier au sein des relations dans le couple, dans la famille et dans la sphère du travail, l'Église locale fournit des modèles de relations pour le monde extérieur (voir à nouveau Ép 5.22–6.9 ; Col 3.18–4.1). En reflétant la gloire de l'amour de Christ, chaque paire révèle au monde une meilleure façon de vivre ensemble. Comment le monde verra-t-il cette voie (et réagira-t-il à ce qu'il voit en plaçant sa confiance dans l'œuvre accomplie par Christ pour son propre salut) s'il n'est pas invité aux assemblées de l'Église locale ?

Amener Christ au monde

La stratégie de l'Église locale suit aussi un second axe : amener Christ au monde. Toute Église locale devrait se consacrer passionnément à des services communautaires (des actions qui n'émanent pas simplement des membres à titre individuel, mais qui sont des entreprises de la communauté tout entière) au sein de la ville ; elle doit s'intéresser activement aux voisins et même aux ennemis, s'efforcer d'améliorer les conditions de vie des plus démunis et de créer les conditions favorisant la vie humaine telle que Dieu l'avait conçue à la création. Autrement dit, l'Église locale a aussi pour mission de répandre l'amour de Dieu dans la cité. Cette mission n'est pas seulement prescrite dans l'Ancien Testament (És 58.6-10), elle l'est également dans le Nouveau (Mt 25.34-40). Jésus l'a incarnée à la perfection par son enseignement et son ministère.

La parabole du bon Samaritain en est l'exemple type. Nous témoignons de l'amour de Christ lorsque nous nous intéressons à la vie brisée des gens qui nous entourent, lorsque nous les portons sur notre dos comme si leurs fardeaux étaient les nôtres. Prenons soin de ces vies jusqu'à ce qu'elles soient totalement réparées. « [Le bon Samaritain] s'approcha, et banda ses plaies, en y versant de l'huile et du vin ; puis il le mit sur sa propre monture, le conduisit à une hôtellerie, et prit soin de lui. Le lendemain, il tira deux deniers, les donna à l'hôte, et dit : Aie soin de lui, et ce que tu dépenseras de plus, je te le rendrai » (Lu 10.34-37). Aimer notre prochain comme nous-même, ce n'est pas simplement l'aimer autant qu'on s'aime, c'est prendre soin de sa vie comme chacun de nous prend soin de la sienne. Dans toutes les villes, l'Église devrait être le meilleur « prochain ». « Nous devons aimer les hommes et les femmes de manière à les amener à Jésus[8] ». Au début de l'ère chrétienne, deux épidémies dévastatrices balayaient l'Empire romain. Même les médecins les plus qualifiés ne savaient plus que faire pour combattre ces fléaux. Nombre d'entre eux, dont le célèbre Galien, préférèrent fuir la ville pour se réfugier dans les campagnes relativement moins exposées. Il y eut une exception remarquable à cet exode : les membres des Églises locales.

« La plupart de nos frères en tout cas, débordants de charité et d'amour fraternel, sans s'épargner personnellement, s'attachaient les uns aux autres, visitaient sans se ménager les malades, les servaient magnifiquement, les soignaient dans le Christ et ils étaient heureux d'être emportés avec eux, contaminés par le mal des autres, attirant de leurs proches la maladie sur eux-mêmes et se chargeant volontiers de leurs souffrances[9]. »

Les incroyants ne furent pas insensibles au sacrifice des chrétiens : « Voyez, dirent-ils , comme ils s'aiment[10] ! » En tant que membres d'Églises locales contemporaines, nous avons le privilège d'honorer un héritage aussi sacré ; à notre tour de réfléchir sérieusement et de prier avec ferveur pour savoir comment communiquer ensemble l'amour de Christ aux malheureux de nos villes, comment aller à contre-courant de la culture en vivant en son sein de manière à refléter la gloire de l'image de Christ.

Un coin de ciel sur la terre

Ainsi que nous l'apprend le récit de la Genèse, l'image de Dieu était destinée à remplir la terre. Christ nous apprend que cette image se révèle essentiellement dans l'amour qui se donne à la croix. Lorsque cet amour se répand dans le cœur d'un ensemble de personnes – une possibilité qui n'est offerte qu'à ceux qui, grâce à l'œuvre de la croix, ont été purifiés du péché et déclarés justes –, quand cet amour s'enracine dans la famille de Dieu, l'Église de Jésus-Christ, et quand il est aussi visible dans les relations des Églises locales qu'il est incarné dans la famille trinitaire divine, alors la gloire du ciel commence à poindre sur la terre.

Le peuple de la nouvelle alliance de Dieu a déjà un pied dans la Jérusalem céleste tout en marchant encore sur terre. Il a les yeux fixés sur les richesses du glorieux héritage qui l'attend dans les cieux (Ép 1.18). Affamées de relations unies et non brisées par l'égocentrisme, d'une communauté rassemblée sous un seul chef, de gens qui reflètent l'image de l'amour divin, d'une Église qui démontre l'amour trinitaire de Dieu manifesté à la croix, les nations seront attirées par la lumière céleste de cette famille sainte (És 60.1-11).

L'Église imparfaite

Comment une Église locale peut-elle s'acquitter d'une si noble vocation ? Elle ne peut le faire d'abord qu'imparfaitement. Bien que l'amour de ce corps brille telle une source lumineuse radieuse dans la nuit sombre de ce monde, il ne diffusera jamais plus que les premiers rayons de la gloire céleste. Le corps de Christ n'est pas encore réuni parfaitement sous son chef. La rancœur et la division, c'est-à-dire le péché, empoisonnent encore les relations entre chrétiens. Mais lorsque le corps de Christ est privé de la gloire de Dieu (il tombe parfois si bas qu'il ne peut plus que regarder en haut), il peut ensuite lever les yeux vers Jésus-Christ et, contemplant la gloire du Seigneur, être lui-même transformé à son image, toujours plus glorieuse. Du pâle reflet de l'amour qui se donne, il arrivera à un reflet plus éclatant (2 Co 3.18).

Fixer le regard sur Christ

L'Église locale ne doit jamais détacher son regard de Christ. Elle doit fixer son esprit aux choses qui sont en haut, où Christ est assis (Col 3.1,2). Elle doit attendre avec impatience un Sauveur qui, lors de sa venue, transformera son corps d'humiliation en le rendant parfaitement semblable au corps de sa gloire (Ph 3.20-21). Lorsqu'enfin nous le verrons – non plus comme à travers une vitre teintée, mais dans la clarté d'une lumière parfaite –, nous connaîtrons pleinement l'amour qui depuis si longtemps dépassait notre compréhension. Alors, et alors seulement, nous refléterons parfaitement l'image de Christ (1 Jn 3.2,3).

En attendant, l'Église locale porte ses regards sur Jésus-Christ. Elle l'exalte dans sa prédication ; elle chante ses louanges dans son culte ; elle le célèbre dans ses ordonnances, à savoir le baptême et la Cène. D'ailleurs, celui qui est baptisé l'est en Christ et plus particulièrement dans sa mort (Ro 6.3) ; de même, celui qui mange le pain et boit la coupe de la Cène proclame la mort du Seigneur jusqu'à son retour (1 Co 11.26). Dans la discipline exercée par les membres de l'Église locale, l'humilité de l'agneau pascal sert de guide et de référence (1 Co 5.7).

Tout revient à Christ ; chaque membre est rattaché à sa tête. Christ lie chacun et toutes choses (Col 1.17,18). Il n'est donc pas étonnant que Charles Spurgeon, fervent défenseur de l'Église locale, ait résolument affirmé sa dépendance de Christ en ces termes : « Je n'aurais aucun désir d'être ici sans mon Seigneur ; et si l'Évangile n'était pas vrai, je bénirais Dieu de m'anéantir à l'instant même, car je n'aurais nulle envie de vivre si vous pouviez détruire le nom de Jésus-Christ[11] ».

CONCLUSION

On pourrait difficilement mettre plus en avant la vocation de l'Église locale. Appelée hors du monde pour devenir une lumière dans le monde, pour être une famille unie au milieu des familles désunies de la terre, pour être habitée par Christ lui-même, pour être la prunelle des yeux de Dieu, pour être gravée sur les mains de Christ, pour être la gloire de l'image de la sainte Trinité, pour être l'incarnation de l'amour infini manifesté à la croix, pour être un tableau d'ensemble plus beau que n'importe quel autre tableau dans le monde, telle est l'Église, l'Église locale, le nouveau peuple de Dieu.

NOTES

1. Ce fascicule expose le onzième point intitulé « Le nouveau peuple de Dieu » des documents fondateurs de la *Gospel Coalition*.
2. George M. Marsden, *Jonathan Edwards: A Life*, New Haven, CT, Yale University Press, 2003, p. 467.
3. Timothy Keller, *Gospel Christianity*, New York, Redeemer Presbyterian Church, 2003, p. 22.
4. Cornelius Plantinga, cité par Keller dans *Gospel Christianity*, p. 16.
5. D. A. Carson, *The Difficult Doctrine of the Love of God*, Wheaton, Illinois, Crossway, 2000, p. 44.
6. Iain H. Murray, *D. Martyn Lloyd-Jones: The First Forty Years 1899-1939*, Edimbourg, Banner of Truth, 1982, p. 141-142.
7. C. H. Spurgeon, *Autobiography:2: The Full Harvest*, Edimbourg, Banner of Truth, 1973, p. 246.
8. C. H. Spurgeon, *Lectures to My Students*, Grand Rapids, MI, Zondervan, 1954, p. 344.
9. Denys, cité par Eusèbe de Césarée dans *Histoire Ecclésiastique*, VII.22 [7], Sagesse Chrétienne, Les Éditions du Cerf, Paris, 2003, p. 412.
10. Tertullien, *L'Apologétique de Tertullien*, XXXIX, 7, deuxième édition revue et corrigée, Paris, Librairie Bloud et Gay, 7 Place Saint-Sulpice, 1914.
11. C. H. Spurgeon, *The New Park Street Pulpit*, Pasadena, Pilgrim, 1855, vol. 1, p. 208-209.

BIBLIOGRAPHIE SOMMAIRE

BELCHER Jim. *Deep Church: A Third Way Beyond Emerging and Traditional*. Downers Grove, IL: InterVarsity, 2009.

CALVIN Jean. « Les moyens extérieurs, ou aides, dont Dieu se sert pour nous convier à Jésus-Christ, son Fils, et nous retenir en lui », *Institution de la Religion Chrétienne*, Livre IV. Éditions Kerygma/Farel, 1995.

CARSON Donald A. *L'Église émergente : comprendre le mouvement et ses implications*, Publications chrétiennes, Trois-Rivières (Canada), 2008.

CHESTER Tim et Steve TIMMIS. *Total Church: A Radical Reshaping around Gospel and Community*. Wheaton, IL: Crossway, 2008.

DeYOUNG Kevin et Ted KLUCK. *Why We Love the Church: In Praise of Institutions and Organized Religion*. Chicago: Moody, 2009.

DEVER Mark. *L'Église un bilan de santé*. Éditions Clé, Lyon, 2009.

DEVER Mark et Paul ALEXANDER. *L'Église intentionnelle*. Éditions Clé, Lyon, 2007.

EDWARDS Jonathan. *"A Farewell Sermon." In The Works of Jonathan Edwards*. Vol. 1. Edinburgh: Banner of Truth, 1979.

GRIFFITHS Michael. *Belle, mais délaissée : l'Église, joyau de Dieu*. Éditions Grâce et Vérité, Mulhouse, 1985.

KELLER Timothy. *Gospel Christianity. Studies 7 and 8*. New York: Redeemer Presbyterian Church, 2003.

MALLISON John. *Animation et gestion des groupes dans l'Église*. Éditions Farel, Marne-la-Vallée, 2000.

PACKER James Innell. *L'évangélisation et la souveraineté de Dieu*. Chapitre 3. Éditions Grâce et Vérité, Mulhouse , 1978.

STOTT John. *The Living Church: Convictions of a Lifelong Pastor*. Downers Grove, IL: InterVarsity, 2007.

STRAUCH Alexander. *Les anciens selon la Bible*. Publications chrétiennes, Trois-Rivières (Canada), 2004.

L'ÉDITEUR DE LA VERSION FRANÇAISE VOUS SUGGÈRE ÉGALEMENT :

BROWN David. *Une Église pour aujourd'hui*. Éditions Farel, Marne-la-Vallée, 2001.

BUHLER Frédéric. *L'Église locale : un manuel pratique*. Éditions Farel, Marne-la-Vallée, 1979.

KUEN Alfred. *Je bâtirai mon Église*. Éditions Emmaüs, Saint-Légier (Suisse), 1967.

KUEN Alfred. *Les uns les autres*. Éditions Emmaüs, Saint-Légier (Suisse), 1995.

KUEN Alfred. *Vivre l'unité de l'Église*. Éditions BLF Europe, Marpent, 2011.

THABITI ANYABWILE, J. LIGON DUNCAN III

est le pasteur principal de la *First Baptist Church* de la ville de Grand Cayman dans les îles Caïman, et il est l'auteur de *What Is a Healthy Church Member* ?

J. Ligon Duncan III est le pasteur principal de la *First Baptist Church* de la ville de Jackson dans le Mississippi. Il préside également le groupe *Alliance of Confessing Evangelicals*.

Le baptême et la Cène

THABITI ANYABWILE, J. LIGON DUNCAN III

Nous croyons que le baptême et la sainte cène ont été institués par le Seigneur Jésus lui-même. Le premier est lié à l'introduction dans la communauté de la nouvelle alliance, la seconde au renouvellement constant de l'alliance. Ces deux institutions nous parlent ensemble de la promesse divine à notre égard, des canaux de sa grâce, de nos vœux publics de soumission au Christ autrefois crucifié et maintenant ressuscité, de l'attente de son retour et de la consommation de toutes choses.
– Confession de foi de la « Gospel Coalition »

[Anyabwile]
J'étais assis en face de Matthew, un jeune homme de vingt-cinq ans, à l'esprit libre, ouvert et créatif. Il était entré dans le restaurant, radieux, à l'image de cette chaude journée des Caraïbes. Il sourit en bredouillant un mot d'excuse pour son léger retard.

Tout en regardant le menu, je me demandais quelle serait la teneur de notre entretien. Bien qu'il fréquentait l'Église depuis presque un an déjà, je ne savais pas vraiment où en était Matthew sur le plan spirituel. À quelles sortes de questions fallait-il s'attendre ? À peine avions-nous fait nos choix et rendu les menus à la serveuse, qu'il se tourna vers moi en disant : « J'ai plein de questions à vous poser ! »

« Parfait » lui répondis-je, soulagé de ne pas avoir à provoquer les confidences de mon jeune ami. Qu'est-ce qui te préoccupe ? »

Ce jour-là, Matthew m'interrogea sur bon nombre de sujets. Beaucoup de questions portaient sur des thèmes comme la gloire de Dieu, sa colère contre les pécheurs, la fiabilité de la Bible, la résurrection, le caractère unique de la personne de Jésus et les choses du futur. Pendant près de deux heures, nous avons exploré avec délices et émerveillement les enseignements de la Bible sur ces sujets.

Cependant, alors que notre conversation touchait à sa fin, je me sentais de plus en plus tracassé par le fait que Matthew, préoccupé qu'il était par les grands sujets théologiques, négligeait le côté personnel de la foi. C'est pourquoi je lui demandai : « Matthew, et pour ton péché, que vas-tu faire ? »

Légèrement pris au dépourvu, il déglutit et répondit : « J'espère que Jésus s'en est occupé ». Puis il me raconta comment, six mois auparavant, il avait accepté le Christ comme Sauveur et Seigneur. Il conclut son récit en me disant : « Je voudrais faire partie de l'Église mais je ne suis pas prêt pour le baptême. »

Matthew se trouvait au fond de l'impasse où se fourvoient parfois de nombreux croyants. Il avait compris l'Évangile ; il avait appris à mettre sa confiance en Jésus pour son salut, mais il ne voyait pas encore comment cela s'accordait avec l'Église locale. En d'autres termes, il n'avait pas encore réalisé que le Seigneur avait donné deux ordonnances, deux sacrements*, comme marques de notre initiation à la vie en Christ et à la communion constante avec le Seigneur. Ces ordonnances données à l'Église sont comme des « mots rendus visibles », exprimant l'union du croyant à Christ dans sa mort, son ensevelissement et sa résurrection (le

---

*NDE : Il apparaîtra clairement dans les développements qui suivent que la notion de « sacrement » diverge, dans l'ensemble de ce chapitre, de celle qui en francophonie est le plus souvent associée à l'Église catholique.

baptême) et la traduction de cette union dans notre quotidien par la communion constante avec le Seigneur (la sainte cène). Ces deux ordonnances n'ont donc pas pour seule vocation d'être observées, elles sont également des canaux par lesquels s'écoule la grâce divine pour notre affermissement et notre bonheur jusqu'au retour de Christ.

LE BAPTÊME

Je vis dans un pays où beaucoup de gens croient que seul le « chrétien presque parfait » peut envisager le baptême. Pour eux, cette ordonnance est investie d'une telle aura qu'elle ne saurait concerner le « chrétien lambda » empêtré dans ses imperfections et ses luttes avec le péché et qu'il est convenable, pour le plus grand nombre, d'en retarder l'échéance. Telles furent, en tout cas, les croyances exprimées par Matthew au cours du repas.

Je sais que, dans d'autres pays, les croyants font exactement l'erreur inverse. Pour eux, le baptême revêt une importance secondaire ; il n'est qu'un rite à accomplir « quand on sera grand », un exercice sans importance, une option facultative laissée à la discrétion de chacun, une case à cocher éventuellement dans la liste des devoirs spirituels et vite oubliée.

Le croyant peut aisément tomber dans l'une ou l'autre de ces erreurs : accorder trop ou trop peu d'importance au baptême, au risque de perdre de vue la beauté et la valeur d'un commandement institué par Jésus lui-même et observé par les Églises depuis près de deux mille ans. Pour éviter cet écueil, il importe d'en acquérir une compréhension biblique susceptible de nous immerger totalement dans la grâce et dans l'œuvre efficace du Seigneur Jésus-Christ pour les pécheurs.

Qu'est-ce que le baptême ?

Fondamentalement, le baptême est à la fois un signe et un sceau. Selon les termes de la *Confession de Foi de Westminster*, le baptême est pour le baptisé « un signe et sceau de l'Alliance de grâce, de son insertion en Christ, de la régénération, de la rémission des péchés, de son offrande de lui-même à Dieu par Jésus-Christ pour marcher en nouveauté de vie »* (28.1.)

Un signe est un symbole pointant vers une plus grande réalité. Le baptême ressemble à une enseigne lumineuse clignotante proclamant « Bonne Nouvelle, Bonne Nouvelle, Bonne Nouvelle[1] ». En pratiquant le baptême, l'Église témoigne de la mort, de l'ensevelissement et de la résurrection de Jésus-Christ et proclame l'union du pécheur avec Christ dans tout ce qu'il a fait et accompli pour nous.

Mais le baptême (tout comme la sainte cène) est également un sceau :

> Les sacrements ne sont pas seulement des panneaux attirant notre regard sur Jésus-Christ tel qu'il est présenté dans les Évangiles, nous rappelant par conséquent l'offre de sa grâce au monde entier en général, ils sont également des sceaux certifiant que la grâce et les promesses de Dieu nous sont destinées en particulier. Dans le contexte de la Réforme, le mot « sceau » désignait une empreinte de cire authentifiant un document officiel et ayant force de loi. Dans ce sens-là, le baptême est le sceau indiquant que Dieu prend la promesse générale de l'Évangile et nous l'applique en particulier. Dans l'Antiquité, ce même terme désignait des signes corporels, brûlures ou tatouages, marquant l'appartenance. Nous sommes « marqués au fer » par la mort et la résurrection de Christ, ainsi qu'en témoignent le baptême et la sainte cène[2].

Un chef d'État ou un roi apposait généralement son sceau au bas d'un décret ou d'une loi. La correspondance émanant d'un magistrat ou d'une personne influente portait l'empreinte ou le

---

* Quel est le but principal de la vie de l'homme ? Les textes de Westminster, Aix-en-Provence, Kerygma, 1988, p. 54-55.

sceau de la charge ou de la famille. Il arrivait qu'un esclave porte la marque de son maître. Ainsi, tout le monde, et en particulier les destinataires des missives, savait, au vu de la marque, de qui elle émanait.

Lorsque nous recevons le baptême, Dieu appose sur nous sa marque. Le croyant qui est passé par la repentance reçoit le sceau de son céleste propriétaire. Par ce signe, Dieu nous déclare : « La personne portant cette marque ou ce sceau m'appartient en propre. »

Dans le monde évangélique moderne, on parle souvent de faire « une profession de foi publique ». Par cette expression, on pense à des actions telles que : répondre à l'appel de l'évangéliste, répéter la prière de conversion ou bien remplir le carton d'invitation à la conversion. En général, tout cela porte sur ce que nous, nous avons à dire à Dieu. Malheureusement, la plupart de ces pratiques se concentrent sur notre propre discours. Or, nous oublions que Dieu désire exprimer son amour à son peuple. Les phrases que nous sommes appelés à prononcer sont considérées comme déterminantes. Mais la Bible désapprouve fortement ces pratiques. Les apôtres, tout comme l'Église primitive, possédaient bien un cadre permettant au pécheur repentant de faire publiquement une profession de foi et d'exprimer sa confiance en Christ alors qu'il venait de recevoir le sceau divin du salut : c'était le baptême !

La beauté du baptême

C'est en examinant la signification du baptême qu'on en découvre toute la beauté, car il associe d'une façon merveilleuse le croyant aux nombreuses richesses résidant en Christ.

L'œuvre expiatoire de Christ

Tout d'abord, le baptême parle avec éloquence de l'œuvre expiatoire accomplie par Jésus. La rédemption et la rémission des péchés sont au centre de l'œuvre de Christ et donc de la signification du baptême :

> Vous qui étiez morts par vos offenses et par
> l'incirconcision de votre chair, il vous a rendus à la
> vie avec lui, en nous faisant grâce pour toutes nos
> offenses ; il a effacé l'acte dont les ordonnances
> nous condamnaient et qui subsistait contre nous, et
> il l'a détruit en le clouant à la croix ; il a dépouillé
> les dominations et les autorités, et les a livrées
> publiquement en spectacle, en triomphant d'elles par
> la croix (Col 2.13-15).

Notre propre baptême nous rappelle le baptême que le Seigneur a vécu pour nous, ainsi qu'il nous l'a enseigné : « Il y a un baptême dont je dois être baptisé, et quelle angoisse pour moi jusqu'à ce qu'il soit accompli ! » (Lu 12.50 ; *Segond 21*). Lorsque certains disciples, rongés par l'ambition, ont demandé à être assis à ses côtés dans son Royaume, Jésus les a rappelés à la sobriété par cette remarque : « Vous ne savez ce que vous demandez. Pouvez-vous boire la coupe que je dois boire, ou être baptisés du baptême dont je dois être baptisé ? » (Mc 10.38). La coupe bue par notre Maître contenait toute la colère de Dieu contre le péché. Son effroyable baptême était celui de la croix, sur laquelle il a accompli l'expiation des péchés du monde (1 Jn 2.2).

Le baptême rappelle à l'Église en général, et au chrétien en particulier, la croix sur laquelle Jésus a pris et cloué nos péchés et où son triomphe est devenu notre triomphe. Le baptême nous rappelle que Christ a subi le jugement qui devait être le nôtre et qu'il a fait pour nous la paix avec Dieu.

L'Union avec Christ

Ensuite, le baptême symbolise l'union spirituelle du pécheur avec Jésus dans sa mort, son ensevelissement et sa résurrection.

> Que dirons-nous donc ? Demeurerions-nous dans le
> péché, afin que la grâce abonde ? Loin de là ! Nous
> qui sommes morts au péché, comment vivrions-nous
> encore dans le péché ? Ignorez-vous que nous tous qui

avons été baptisés en Jésus-Christ, c'est en sa mort que nous avons été baptisés ? Nous avons donc été ensevelis avec lui par le baptême en sa mort, afin que, comme Christ est ressuscité des morts par la gloire du Père, de même nous aussi nous marchions en nouveauté de vie. En effet, si nous sommes devenus une même plante avec lui par la conformité à sa mort, nous le serons aussi par la conformité à sa résurrection (Ro 6.1-5).

Lorsque Jésus est mort, nous sommes morts avec lui. Lorsqu'il a été enseveli, nous l'avons été aussi. Et lorsqu'il est ressuscité, nous sommes, nous aussi, sortis du tombeau ! Étant unis à Christ par la foi, nous sommes au bénéfice de sa vie, de sa mort et de sa résurrection. Par la foi, nous participons par procuration à tous ses faits et gestes. Voilà la réalité spirituelle rendue visible par le baptême.

Notre union avec Christ est si forte que d'aucuns ont comparé le baptême au mariage. Marion Clark, par exemple, a écrit : « Dieu est notre époux. Il nous a choisis ; il a payé la dot ; il a passé à notre doigt son anneau afin que tous sachent que nous lui appartenons. Bien plus, il a procédé ainsi pour que nous sachions sans l'ombre d'un doute que nous sommes à lui. La cérémonie du baptême atteste que son amour pour nous est bel et bien réel. Ce n'est pas un rêve[3]. » Plonger dans les eaux du baptême, c'est échanger les vœux unissant Christ, l'époux, à sa fiancée : l'Église.

L'union avec l'Église

Le baptême représente notre union, non seulement avec Christ mais aussi avec son corps : l'Église. Après avoir été unis à Christ par la foi et par l'opération du Saint-Esprit, « Nous avons tous, en effet, été baptisés dans un seul Esprit, pour former un seul corps » (1 Co 12.13). Or, comme l'apôtre Paul le dit ailleurs : « Il y a un seul corps et un seul Esprit, comme aussi vous avez été appelés à une seule espérance par votre vocation ; il y a un seul Seigneur, une seule fois, un seul baptême, un seul Dieu et Père de tous, qui est au-dessus de tous, et parmi tous, et en tous » (Ép 4.4-6). Chaque baptisé témoigne de son union, par la foi, au corps de Christ. Cette union avec Christ se manifeste par l'union avec son peuple, qui est démontrée plus concrètement par l'engagement au sein d'une Église locale et l'adhésion au statut de membre.

Lorsqu'un nouveau-né fait irruption dans le cercle familial, parents et amis se rendent à la maternité pour présenter leurs vœux et se réjouir de l'arrivée de cette vie nouvelle. De même, lorsque quelqu'un reçoit le sceau et le signe du baptême, il intègre la famille de Dieu, l'Église. En tant que membre, il bénéficie des privilèges et des responsabilités familiales. Don Whitney l'explique très clairement : « Lorsque Dieu amène une personne à la vie spirituelle, elle entre dans le corps spirituel et invisible de Christ, l'Église universelle. Lorsque cette expérience spirituelle est exprimée au moyen des eaux du baptême, l'individu fait symboliquement son entrée dans le corps tangible et visible de Christ, l'Église locale[4]. »

La consécration à Dieu

Finalement, nous devrions comprendre que baptême équivaut à consécration. Par cette ordonnance, nous sommes mis à part pour l'adoration et le service du Dieu de notre salut. Nous sommes rayés de la liste du monde et scellés comme possession de Dieu. C'est la raison pour laquelle l'apôtre Paul cite souvent les exigences éthiques néotestamentaires dans les discussions sur le baptême. Par exemple :

> Et c'est en lui que vous avez été circoncis d'une circoncision que la main n'a pas faite, mais de la circoncision de Christ, qui consiste dans le dépouillement du corps de la chair : ayant été ensevelis avec lui par le baptême, vous êtes aussi ressuscités en lui et avec lui, par la foi en la puissance de Dieu, qui l'a ressuscité des morts (Col 2.11,12).

Ainsi vous-mêmes, regardez-vous comme morts au péché, et comme vivants pour Dieu en Jésus-Christ. Que le péché ne règne donc point dans votre corps mortel, et n'obéissez pas à ses convoitises. Ne livrez pas vos membres au péché, comme des instruments d'iniquité ; mais donnez-vous vous-mêmes à Dieu, comme étant vivants de morts que vous étiez, et offrez à Dieu vos membres, comme des instruments de justice. Car le péché n'aura point de pouvoir sur vous, puisque vous êtes, non sous la loi, mais sous la grâce (Ro 6.11-14).

Étant donné que notre vie est unie à Christ par la foi et greffée par le Saint-Esprit, nous sommes tenus de vivre une vie « circoncise », de nous « dépouiller de la nature pécheresse ». Nous nous regardons « comme morts au péché, et comme vivants pour Dieu en Jésus-Christ » et « nous nous donnons nous-mêmes à Dieu ». Puisque nous sommes morts avec Christ, le péché ne règne plus sur nous. Nous avons été affranchis de la tyrannie du péché. « ... Notre vieil homme a été crucifié avec lui, afin que le corps du péché soit réduit à l'impuissance, pour que nous ne soyons plus esclaves du péché » (Ro 6.6). Nous appartenons maintenant à un nouveau maître. Les crédobaptistes ajouteraient que nous descendons dans la « tombe liquide » et en remontons en nouveauté de vie[5].

Notre baptême nous contraint à mener une vie de sainteté afin que nous fassions, non pas honte, mais honneur au Seigneur avec qui nous avons été ensevelis puis rendus à la vie dans le baptême. Il n'y a pas de retour possible. Nous sommes entrés dans la nouvelle alliance ; nous avons juré allégeance à notre roi. Nous devons maintenant vivre comme citoyens et serviteurs de son Royaume[6].

La beauté du baptême échappait à mon ami Matthew. Il le voyait surtout comme une sorte d'annonce pour son entourage : « Salut ! Je vis pour Jésus et j'espère ne pas me 'planter'. » Il ne comprenait pas que ce que Dieu dit, par le baptême, c'est : « Salut ! Tu m'appartiens. Je t'ai refait à neuf. Tu vas vivre pour moi parce que je vais vivre en toi. »

Considéré de ce point de vue, le baptême revêt la beauté et l'importance qu'il mérite. Il devient un canal de grâce pour le croyant et un rappel de l'Évangile et du Sauveur qui nous secourt.

De plus, le baptême nous ouvre la porte d'une communion permanente avec notre Seigneur. Cette dernière est illustrée par un autre signe et un autre sceau, la sainte cène ou communion.

Pédobaptistes et crédobaptistes

[Duncan]

J'aime la manière dont Thabiti conçoit ici la doctrine du baptême et le regard pastoral qu'il nous donne sur son importance dans la vie des croyants. Bien qu'il soit baptiste et moi presbytérien, nous sommes en parfait accord, à ce niveau tout au moins. Cependant, nous devons reconnaître qu'il existe, sur le sujet, un certain nombre de domaines où les dissonances sont considérables parmi les membres, unis par ailleurs, de la *Gospel Coalition*. Sur un plan général, nous sommes unanimes sur le sens, l'importance et la fonction du baptême, mais nous divergeons sur son mode d'administration ainsi que sur les personnes habilitées à le recevoir. Ces différences ne sont pas sans conséquence et c'est pourquoi, dans un souci de respect réciproque, nous voulons nous placer sous l'autorité de la Parole. Nous désirons mettre les membres de nos Églises respectives au courant de ces questions afin qu'ils les prennent au sérieux[7].

Au sein de la *Gospel Coalition*, certains, comme Thabiti, sont des crédobaptistes pour qui le baptême est réservé aux seuls croyants, tandis que d'autres, comme moi, font partie des pédobaptistes, pour qui les croyants mais également leurs enfants peuvent bénéficier du baptême. Chacun de ces groupes cherche à fonder sa vision sur l'enseignement des Écritures, mais les conclusions auxquelles ils aboutissent s'opposent sur le profil des personnes aptes à recevoir le baptême.

Les pédobaptistes évangéliques croient que, conformément à l'enseignement de la Bible, l'Église devrait baptiser les enfants des croyants au même titre que les adultes ayant fait profession de leur foi et n'étant pas passé par les eaux du baptême auparavant. Nous voyons le baptême comme un signe de la nouvelle alliance illustrant et confirmant la généreuse promesse du salut de Dieu à son peuple et son accomplissement en Jésus-Christ. Nous basons l'administration du baptême aux croyants et à leurs enfants sur notre compréhension des passages tels que Genèse 17, Matthieu 28, Colossiens 2, 1 Corinthiens 7 et Actes 2 et 16.

Nous sommes en accord avec nos amis crédobaptistes pour dire que (1°) Christ ordonne le baptême chrétien en Matthieu 28 (« Allez... faites... des disciples... les baptisant... et... enseignez-leur... »), et que (2°) les croyants devraient être baptisés comme l'enseigne Actes 8 :

> Alors Philippe prit la parole et, en partant de ce texte, il lui annonça la Bonne Nouvelle de Jésus. En continuant leur route, ils passèrent près d'un point d'eau. Le ministre s'écria : — *Voici de l'eau ; qu'est-ce qui m'empêche d'être baptisé ? – Si tu crois de tout ton cœur, tu peux l'être*, lui répondit Philippe.
> — *Oui, déclara le ministre, je crois que Jésus est le Fils de Dieu*. Aussitôt, il donna l'ordre d'arrêter le char ; Philippe et le ministre descendirent tous deux dans l'eau et Philippe le baptisa (v. 35-38 – *Parole vivante*)

Mais notre désaccord porte sur un troisième point, car pour les pédobaptistes, les croyants ainsi que leurs enfants peuvent recevoir le baptême. Si nous devions résumer notre conviction biblique en une phrase à la fois unique et complexe, cela donnerait à peu près ceci :

Dans l'Ancien comme dans le Nouveau Testament, Dieu a donné des promesses aux croyants et à leurs enfants ; il a rattaché des signes à ces promesses à la fois dans l'Ancien et le Nouveau Testament ; il a exigé de façon explicite l'application aux parents de l'Ancien Testament et à leurs enfants du signe de l'initiation dans sa famille (la circoncision) et, de façon implicite le signe de l'initiation de la nouvelle alliance (le baptême) pour les croyants du Nouveau Testament et leurs enfants.

Les crédobaptistes sont en désaccord sur ce point et soutiennent que non seulement les pédobaptistes se méprennent sur le sens des passages invoqués, mais également que les références néotestamentaires relatives au baptême contiennent l'injonction de baptiser exclusivement les personnes ayant fait une profession de foi personnelle en Jésus-Christ (p. ex., Ac 2.41 ; 8.12 ; 10.44-48 ; Ro 6.3,4 ; Ga 3.27). Pour eux, les textes tels que Jérémie 31 enseignent que l'Église, dans les termes de la nouvelle alliance, englobe l'assemblée des personnes *croyantes* et que, sous cet angle, elle diffère des croyants de l'ancienne alliance qui intégraient de façon évidente les enfants parmi les croyants.

De leur côté, les pédobaptistes considèrent que la liste des membres de l'Église locale est constituée de croyants et de leurs enfants, et qu'il n'y a pas, sur ce point, de différence entre l'ancienne et la nouvelle alliance. Nous voyons donc que des conceptions ecclésiologiques opposées (sur la doctrine de l'Église) expliquent en grande partie le désaccord séparant les crédobaptistes des pédobaptistes concernant les bénéficiaires du baptême. Une difficulté moindre concerne le mode d'administration du baptême. Les crédobaptistes insistent généralement sur le fait qu'il doit être exclusivement accompli « par immersion » ; ils soulignent la nécessité d'immerger la personne, de la plonger dans l'eau. Ils maintiennent également que ce mode opératoire est si lié au commandement de Jésus que ceux qui n'ont pas été immergés ne peuvent être considérés comme baptisés. En même temps, la plupart des pédobaptistes considèrent que la meilleure manière de baptiser est l'aspersion (verser de l'eau ou asperger la tête du candidat) mais que le mode opératoire n'est pas essentiel au rite ; par conséquent, l'immersion est admissible mais non exclusive.

Ceux qui défendent le baptême par immersion s'appuient sur un certain nombre d'arguments. Ils affirment que le terme grec rendu par « baptême » signifie « immersion » et que les exemples de sa pratique néotestamentaire (ex. Mt 3.16 ; Mc 1.5 ; Jn 3.23 ; Ac 8.36-38) montrent que tel en était bien le mode opératoire, que l'enseignement de Paul sur sa signification en Romains 6.1-11 (voir Col 2.11,12) l'implique et que les passages cités par les pédobaptistes comme exemple d'un mode opératoire autre que l'immersion sont peu convaincants.

Les partisans de l'aspersion avancent que, dans certains textes, le terme « baptême » ne peut avoir le sens d'« immerger » (ex : Lé 14.6,51 ; Ac 1.5 ; 1 Co 10.2 ; Hé 9.10-23) ; qu'il n'existe qu'un seul passage du Nouveau Testament décrivant son mode d'administration (Ac 1–2) et que tous les autres ne parlent que du lieu où il se déroule (Mt 3 ; Mc 1 ; Ac 8) et non de la façon dont il est pratiqué ; que, dans certains textes néotestamentaires, l'immersion est improbable voire impossible (Ac 9.17,18 ; 10.47 ; 16.32,33) ; et surtout que le baptême d'eau symbolise celui de l'Esprit-Saint, qui est lié à l'idée d'effusion et non pas d'immersion (voir Ac 1.4,5 ; 2.2,3 ; voir Mt 3.11 ; Lu 3.16 ; Ac 11.15,16).

En dépit de ces divergences majeures et toujours actuelles, les deux parties adhèrent à l'article 12 de la confession de foi de la *Gospel Coalition*. De plus, ils rejettent de concert la doctrine de la régénération baptismale enseignée par les Églises catholiques romaines, orthodoxes, anglicanes, anglo-catholiques et l'Église luthérienne ainsi que par des groupes comme « l'Église du Christ » soutenant que le baptême d'eau est « le moyen par lequel s'opère la régénération, et que la grâce de la régénération est transmise d'une manière réelle par l'administration du rite dûment exécuté[8]. »

Sans minimiser en quoi que ce soit l'importance du baptême et son impérieuse nécessité pour le chrétien obéissant, nous rejetons l'idée qu'il ait un quelconque pouvoir de régénération ou qu'il soit capable de générer la nouvelle naissance. Partout dans la Bible, les signes de l'alliance, les sacrements ou les ordonnances (quels que soient les termes que nos amis baptistes préfèrent) manifestent et confirment les réalités spirituelles qu'elles représentent. Elles ne les créent en aucune façon.

C'est précisément l'argumentation développée par Paul en Romains 4.1-12, lorsqu'il parle de la circoncision d'Abraham. Le patriarche n'a pas été justifié *par* sa circoncision, mais *antérieurement* à elle, et Dieu a donné ce signe non pour conférer, mais pour confirmer sa justification (Genèse 17). C'est pourquoi nous sommes d'accord avec le théologien puritain Stephen Charnock, lorsqu'en parlant de la régénération, il dit :

[Elle] n'est pas le signe externe du baptême. Beaucoup confondent baptême et régénération. Les anciens l'appelaient généralement ainsi. Certains nomment le baptême de notre Seigneur, sa régénération. Il ne confère aucune grâce, mais il nous y engage : l'eau du dehors ne saurait provoquer la vie du dedans. Comment un liquide matériel pourrait-il exercer sur l'âme une influence spirituelle ? Qui pourrait prouver que l'Esprit de Dieu se soit lié, par quelque promesse, à effectuer dans l'âme humaine un épanchement de grâce lorsque de l'eau serait versée sur le corps ? S'il en était ainsi, si tous ceux qui ont été baptisés étaient régénérés, alors tous les baptisés seraient sauvés et la doctrine de la persévérance tomberait en miettes. Le baptême est un canal de cette grâce, lorsqu'il plaît à l'Esprit de s'en servir, mais il n'opère pas physiquement sur l'âme à la façon dont la purge agit sur les humeurs corporelles : ce sacrement est à la régénération ce que le Repas du Seigneur est à la nourriture. De la même façon qu'on ne peut se nourrir spirituellement sans la foi, on ne peut pas non plus prétendre être une nouvelle créature sans la foi. Même si vous placiez le plus délicieux plat du monde dans la bouche d'un mort, vous ne pourriez jamais le nourrir, parce qu'il lui manquerait le principe vital nécessaire pour qu'il l'ingère et le digère. La foi est le seul véritable principe spirituel vital, et elle se nourrit des moyens attribués par Dieu. Il est vrai que certains prétendent que la régénération est conférée aux élus par le baptême et qu'elle s'exerce ensuite par la conversion. Mais comment un principe aussi actif que la vie spirituelle pourrait-il rester inactif et en sommeil pendant une aussi longue période que les nombreuses années séparant le baptême de la conversion ? Cela est difficilement concevable[9].

On accuse très souvent les chrétiens en désaccord avec la doctrine de la régénération baptismale de réduire le baptême à un signe stérile, un symbole vide n'accomplissant rien de concret. Mais rien n'est plus faux. Le baptême est le moyen choisi par Dieu non pour nous régénérer ou pour nous justifier, mais pour confirmer sa promesse, pour apposer sur nous sa marque, pour nous assurer de son amour, et tout cela afin d'accroître et de renforcer la foi du croyant et donc de promouvoir notre croissance dans la grâce.

C'est la raison pour laquelle, chaque fois qu'un croyant assiste à un baptême, il est incité par le *Grand Catéchisme de Westminster* à « cultiver le sien ». Que veulent dire les théologiens par « cultiver son baptême » ? « Cultiver son baptême » signifie méditer sur la bénédiction qu'il représente, le mettre en pratique, en tirer pleinement parti, retirer tout le profit possible de ce moyen de croissance dans la grâce, particulièrement lorsque nous assistons à son administration dans le cadre d'un culte public. Le *Grand Catéchisme* formule cela ainsi :

> Nous devons accomplir l'impérieux mais si négligé devoir de « cultiver notre baptême » tout au long de notre

vie, particulièrement dans les moments de tentation et lorsque nous assistons à son administration, en méditant sérieusement et avec gratitude sur sa nature et sur les raisons pour lesquelles Christ l'a institué, sur les privilèges et les bénéfices qu'il confère et scelle ainsi et sur les vœux solennels que nous avons prononcés ; en étant humiliés pour les souillures de nos péchés, nos manquements et nos marches à l'encontre de la grâce du baptême et de nos engagements ; en croissant dans l'assurance du pardon de nos péchés et de toutes les autres bénédictions scellées pour nous dans cette ordonnance ; en étant renforcés par la mort et la résurrection de Christ, en qui nous sommes baptisés pour la mortification du péché et la vivification de la grâce ; en nous efforçant de vivre par la foi, de converser dans la sainteté et la justice ainsi qu'il sied à ceux qui se sont abandonnés à Christ ; et en marchant dans l'amour fraternel, ayant été baptisés par le même Esprit pour former un seul corps[10].

Sur ces points, les « pédo » et les « crédo » baptistes s'accordent pleinement.

LA SAINTE CÈNE

[Anyabwile]
Je me souviens du jour de mon mariage comme si c'était hier. C'était une journée très humide du mois d'août (le 31, au cas où mon épouse jetterait un œil). La cérémonie s'était déroulée en vêtements traditionnels africains, dans la cour de la maison de ma belle-mère, en présence de quelques amis intimes et de quelques membres de ma famille. Notre union a été le début d'une vie de couple remplie de grâce, de joie et d'amour.

Si l'on pouvait tracer une correspondance entre le baptême et la célébration du mariage entre le croyant et le Christ, alors la sainte cène représenterait le renouvellement constant de l'amour et des vœux tels que cela se célèbre parfois lors des anniversaires de mariage. Je trouve cette comparaison bien choisie. Elle nous rappelle que la sainte cène est bien plus qu'une simple nécessité, bien qu'elle en soit aussi une ; bien plus qu'une simple commémoration, bien qu'elle nous rappelle des vérités précieuses de l'histoire de la rédemption ; et bien plus qu'un simple rituel, bien qu'elle ait été pratiquée par les Églises chrétiennes de presque toutes les dénominations depuis l'époque de Jésus lui-même. La sainte cène, comme un souper quotidien pris avec mon épouse, ou comme nos journées en tête à tête, est une source renouvelée de grâce et de communion entre le Seigneur Jésus et son épouse, l'Église.

De quand date l'origine de la sainte cène ?

C'est notre Seigneur Jésus-Christ lui-même qui a institué ce que beaucoup appellent communément le Repas du Seigneur. Ce terme est dérivé de 1 Corinthiens 11.20. On parle également d'« Eucharistie » (1 Co 11.24, du grec *eucharistéô*) et de « (Sainte) Communion » (1 Co 10.16). Bien que l'appellation varie, chacun des synoptiques relate l'histoire de cette soirée extraordinaire au cours de laquelle Jésus donna un sens nouveau à un repas traditionnel juif plusieurs fois centenaire, la Pâque, pour en faire le signe de la nouvelle alliance avec lui accomplie par sa mort, son ensevelissement et sa résurrection (Mt 26.26-30 ; Mc 14.22-26 ; Lu 22.19,20).

Pour la dernière plaie d'Égypte, Dieu envoya l'ange exterminateur sur la totalité du pays, pour exécuter tous les mâles premiers-nés parmi les hommes et les animaux. Les familles israélites désireuses d'échapper au jugement devaient sacrifier un agneau sans tache et badigeonner les chambranles des portes de son sang. Lorsque l'ange de la mort voyait ce sang, il « passait par-dessus » la maison (expression *pass over* en anglais, qui donne *Passover*), détournant ainsi le jugement divin. Au cours de l'exode qui s'ensuivit, Dieu commanda à Israël de commémorer sa fuite et sa délivrance de l'Égypte par le biais d'un repas particulier (Ex 12).

Pendant les siècles qui suivirent cette effroyable nuit, les familles juives croyantes mangèrent le repas de la Pâque tout en narrant l'extraordinaire délivrance divine aux jeunes générations. Il ne fait aucun doute que les disciples avaient ces choses à l'esprit lorsque Jésus les chargea de préparer la fête pascale (Mt 26.17-19). Mais au cours du repas, Jésus fit des remarques saisissantes et surprenantes sur sa véritable signification :

> Pendant qu'ils mangeaient, Jésus prit du pain ; et, après avoir rendu grâces, il le rompit, et le donna aux disciples, en disant : Prenez, mangez, ceci est mon corps. Il prit ensuite une coupe ; et, après avoir rendu grâces, il la leur donna, en disant : Buvez-en tous ; car ceci est mon sang, le sang de l'alliance, qui est répandu pour plusieurs, pour la rémission des péchés. Je vous le dis, je ne boirai plus désormais de ce fruit de la vigne, jusqu'au jour où j'en boirai du nouveau avec vous dans le royaume de mon Père (Mt 26.26-29).

Quelle est la signification de la sainte cène ?

Tout comme le baptême, la sainte cène est à la fois signe et sceau de la grâce divine. Elle aussi oriente nos pensées vers l'Évangile de notre Seigneur, son sacrifice et la rédemption par la foi en son nom.

Les éléments : son corps et son sang

La nuit où Jésus a institué la Communion, il en a redéfini les éléments. Pendant des siècles, le pain et le vin rappelaient les agneaux sacrifiés au cours de la Pâque initiale. Mais voilà que Jésus nous en dévoile un sens jusque-là ignoré : celui de son corps brisé et de son sang répandu pour le péché. Par le simple fait d'ingérer la nourriture et d'absorber la boisson, les disciples devaient se souvenir du sacrifice de Christ, notre agneau pascal

(1 Co 5.7). Il s'est sacrifié lui-même « pour le pardon des péchés de plusieurs ». Ces signes concrétisent l'Évangile pour les croyants et les participants des communautés. Lorsque mon jeune ami Matthew entrera dans la communauté de l'alliance par son baptême, il aura acquis le privilège de faire partie de ceux qui « [annoncent] la mort du Seigneur, jusqu'à ce qu'il vienne » (1 Co 11.26). De façon tangible, la sainte cène proclame, promulgue et célèbre cet « enseignement de première importance... : Christ est mort pour nos péchés, conformément aux Écritures » (1 Co 15.3 ; Semeur). Les croyants ne devraient jamais se mettre hors de portée des bienfaits de l'Évangile de Christ. C'est la raison pour laquelle Christ a donné à l'Église des signes ou des « paroles rendues visibles », susceptibles de nous rappeler son sacrifice en permanence. Par la foi, nous mangeons et buvons, ainsi notre pardon en Christ nous est rappelé encore et encore afin que nous ne perdions jamais de vue l'efficacité de son expiation.

Le Repas : la nourriture

Un des bénéfices les plus évidents du Repas du Seigneur est probablement la nourriture spirituelle que sa célébration procure aux croyants. De même que nourriture et boisson terrestres sustentent le corps et le vivifient, le repas de communion alimente l'âme et la vivifie. À la table de communion, nous « prenons et mangeons » le pain, et « nous buvons de la coupe ». Nous nous nourrissons de Christ par la foi. La Confession de Foi Baptiste de Londres (1689) définit la chose ainsi :

> Les participants sincères, qui prennent extérieurement les éléments visibles de cette ordonnance, font de même intérieurement par la foi, d'une manière réelle et véritable, bien que non matérielle. Spirituellement, ils reçoivent et mangent le corps du Christ crucifié, bénéficiant ainsi de tous les bienfaits de sa mort ; le corps et le sang de Christ n'étant pas présents corporellement ou matériellement mais l'étant

spirituellement par la foi des croyants observant cette ordonnance, aussi clairement que les éléments eux-mêmes sont manifestes à leurs cinq sens (30.7).

Ainsi, Jésus est la nourriture qui soutient les croyants continuellement. Il se présente lui-même comme « le pain de vie » capable de satisfaire notre faim. En nous nourrissant de lui par la foi, nous engrangeons intérieurement les bienfaits et la grâce qui nous soutiennent tout au long de notre périple chrétien. « Jésus-Christ s'offre à nous afin que nous le possédions, et avec lui, tout ce que nous pourrions désirer de la plénitude de la grâce ; en cela nous avons tout ce qui est nécessaire à l'affermissement de nos consciences dans la foi que nous devrions avoir en lui[11]. »

Ceci signifie, dans un sens, que la sainte cène est faite pour le chrétien « qui a conscience de sa faiblesse ». On ne s'approche pas de la Table « conscient de sa force » et irréprochable, mais en étant dans le besoin. On s'approche de la Table, fourbu par la lutte contre le péché, le découragement, l'incrédulité et le monde. On y parvient mourant de faim, avide de la nourriture que Christ nous donne. Par la foi, nous recevons la subsistance qui nous manque tant, en nous imprégnant des bienfaits de l'œuvre expiatoire de Jésus pour les pécheurs et les faibles.

L'administration de la sainte cène : La communion avec Christ

Il n'y a pas que les éléments de la Cène qui soient symboliques, mais aussi l'administration même de ces derniers ou la participation au Repas. Elles recouvrent d'importantes réalités. Richard Phillips résume ce que révèle la prise du pain et de la coupe :

> La prise des éléments par les croyants traduit leur communion avec le Christ crucifié. De plus, leur participation à la sainte cène marque la façon dont la mort de Christ vivifie et revigore leur âme tout comme nourriture et boisson le font pour leur corps. Enfin, tout comme ce sacrement symbolise l'union des croyants avec le Christ, de même il est la marque visible de la

différence entre les membres de l'Église du Christ et le monde, tout en illustrant la communion mutuelle des croyants en sa personne.[12]

La traduction Parole de vie paraphrase ainsi ce que l'apôtre Paul a écrit il y a des siècles au sujet de la Cène :

> C'est pourquoi, mes amis très chers, n'allez pas aux cérémonies en l'honneur des faux dieux ! Je vous parle comme à des personnes sages. Jugez vous-mêmes ce que je dis. Nous remercions Dieu pour la coupe de bénédiction. Quand nous la buvons, est-ce que nous n'entrons pas en communion avec le sang du Christ ? Quand nous mangeons le pain que nous partageons, est-ce que nous n'entrons pas en communion avec le corps du Christ ? (1 Co 10.14-16 ; *Parole de vie*)

Manger le pain et boire le vin symbolisent l'union ou la communion du croyant avec le Christ et démontrent que les croyants sont au bénéfice de l'œuvre expiatoire de « Jésus le pain de vie » et de son pouvoir de sustentation spirituelle constante.

C'est l'échange admirable que, dans sa bonté infinie, il a voulu faire avec nous :

– En recevant notre pauvreté, il nous a transféré ses richesses ;

– en prenant notre faiblesse sur lui, il nous a fortifiés par sa puissance ;

– en assumant notre mortalité, il fait nôtre son immortalité ;

– en recevant le fardeau de nos iniquités, qui nous opprimait, il nous a donné sa justice pour être notre justice ;

– en descendant sur terre, il nous a ouvert le chemin du ciel ;

– en se faisant fils d'homme, il a fait de nous des enfants de Dieu[13].

Le pain : l'unité de l'Église

Finalement, la sainte cène représente l'unité du peuple de Dieu. « Puisqu'il y a un seul pain, nous qui sommes plusieurs, nous formons un seul corps ; car nous participons tous à un même pain. » (1 Co 10.17). Lorsque l'Église s'assemble à la Table du Seigneur, les croyants doivent être conscients de leur unité spirituelle profonde. Pour ne pas l'avoir reflétée, les Corinthiens, loin de se faire féliciter par Paul, se sont au contraire fait réprimander. Pour l'apôtre, leurs réunions faisaient « plus de mal que de bien » (1 Co 11.17 ; *Parole de vie*). Les troubles et les divisions dans l'Église de Corinthe n'auraient pu trouver pire occasion que la Table du Seigneur pour se manifester : (1 Co 1.10-13 ; 11.18,19). L'égoïsme et l'avidité y étaient si courants que Paul déclare : « ... ce n'est pas le repas du Seigneur que vous prenez » (1 Co 11.20 ; *Parole de vie*).

S'ils désiraient que leur célébration soit véritablement le Repas du Seigneur, les membres de l'Église devaient d'abord prendre le pain et le vin dignement, ce qui impliquait qu'ils discernent « le corps du Seigneur » (1 Co 11.27,29). En d'autres termes, il leur fallait reconnaître l'unité de l'Église, l'unité de ce pain et de ce peuple unis avec Christ par l'effet de son sacrifice. Négliger cela équivalait à se rendre « coupable envers le corps et le sang du Seigneur » (1 Co 11.27) et, par conséquent, à faire de la Table du Seigneur un instrument de jugement pour qui ne s'éprouvait pas lui-même (1 Co 11.28-34).

La sainte cène est un sceau

Mais le Repas du Seigneur n'est pas qu'un simple signe, il est aussi un sceau. En y participant d'une façon régulière, les croyants reçoivent par la foi le sceau ou « la marque » de leur appartenance à Jésus et au peuple de l'alliance divine. Telle est en partie la signification de la *Confession de foi de la Gospel Coalition* qui envisage la sainte cène comme un « renouvellement constant de l'alliance ». Dans la sainte cène, le Seigneur parle à son peuple de sa miséricorde et de son amour constant à son égard.

La sainte cène est le sceau que Dieu appose sur son peuple pour attester d'une façon fiable de son union à Christ. C'est l'action de Christ identifiant les siens, leur tendant de sa propre main le pain et la coupe de son repas d'alliance. John Murray a écrit : « Lorsque nous prenons la coupe par la foi, nous recevons du Seigneur lui-même la certification que tout ce qu'implique la nouvelle alliance en son sang est nôtre. C'est le sceau de sa grâce et de sa fidélité[14]. »

Alors que le baptême peut être comparé à une sorte de « je t'aime » entre le Christ et son épouse, la Cène ressemble à un « je t'aime constamment » de Jésus à l'Église. La communion nous rappelle que son amour dure à jamais. Le baptême et la sainte cène sont des sujets très importants et méritent effectivement toute notre attention.

La sainte cène et la présence de Christ

Si la sainte cène représente le renouvellement constant de l'alliance, alors cela sous-entend une communion ou une union réelle avec Christ. Il en ressort que Jésus doit être présent au Repas d'une façon significative. Dans l'histoire de l'Église, on retrouve trois positions majeures concernant la présence de Christ à la sainte cène.

La présence physique

Selon l'Église catholique romaine, la célébration de l'Eucharistie donne lieu à un miracle pendant lequel le pain et le vin, tout en conservant leur apparence, se métamorphosent en corps et sang de Christ. Cette vue, connue sous le nom de « transsubstantiation », veut également que l'Eucharistie soit à chaque occasion une réitération du sacrifice de Jésus sur la croix et non un simple signe commémoratif de sa mort.

Pour appuyer la transsubstantiation, l'Église catholique romaine s'appuie sur la métaphore prononcée par Jésus : « Ceci est mon corps … cette coupe… est mon sang » et en impose une interprétation littérale. Or, en affirmant que la messe est une réitération du sacrifice de Jésus, elle contredit franchement la Bible (Ro 6.10 ; Hé 7.27 ; 9.12,26 ; 10.10). Jésus-Christ est mort une fois pour toutes et maintenant il vit à jamais et intercède pour son peuple.

La doctrine luthérienne sur la présence de Christ au Repas du Seigneur interprète également les paroles de Christ littéralement, mais pour Luther, les éléments ne subissent pas de transformation, ils restent ce qu'ils sont, bien que le corps et le sang de Jésus soient bien présents. Ils coexistent avec les éléments du sacrement. On appelle cette doctrine, la « consubstantiation ».

La conception commémorative de la communion

À l'inverse, il existe des groupes chrétiens qui évacuent totalement l'idée de la présence de Christ dans la sainte cène. La conception « commémorative » insiste sur la phrase : « Faites ceci en mémoire de moi » (1 Co 11.24,25). Elle donne au Repas une fonction commémorative. Ce point de vue est communément associé au réformateur suisse Huldrych Zwingli, qui s'opposa aux idées romaines et luthériennes relatives à la présence de Christ dans la sainte cène.

La présence spirituelle

Une troisième position veut que Christ, bien que non présent sur le plan physique, le soit *spirituellement*. Les éléments demeurent bien le pain et le vin mais, par la foi, Christ est présent et communie avec son peuple pendant le Repas.

En partant du principe de la présence spirituelle, les déclarations : « Ceci est mon corps » et « cette coupe est la nouvelle alliance en mon sang » sont à prendre au figuré. Ni le pain ni le vin ne changent en quoi que ce soit, pourtant la sainte cène représente plus qu'une simple commémoration. En qualifiant les déclarations ci-dessus de symboliques ou de figuratives, cette position ne minimise en rien leur réalité ou leur importance. La sainte cène conjugue le profond mystère de la foi avec la bénédiction spirituelle authentique.

S'il semble incroyable que la chair de Jésus-Christ, si éloignée de nous, nous parvienne pour nous nourrir, considérons à quel point la puissance secrète du Saint-Esprit surpasse en intensité nos facultés et quelle folie ce serait de vouloir réduire à notre échelle cette puissance infinie ! Que la foi reçoive donc ce que notre compréhension ne peut pas concevoir. L'esprit unit vraiment des réalités qui sont dans des lieux différents.

Jésus-Christ nous atteste et scelle dans la cène cette participation de sa chair et de son sang, par laquelle sa vie coule en nous, tout comme s'il s'introduisait dans nos os et dans nos moelles. Il ne nous y présente pas un signe vide et trompeur, mais il y déploie la puissance de son Esprit, afin d'accomplir ce qu'il promet. En fait, il l'offre et le donne à tous ceux qui se présentent à ce repas spirituel, même s'il n'y a que les seuls croyants qui y participent puisque, par la vraie foi, ils se rendent dignes de participer à cette bénédiction[15].

Lorsque nous contemplons les éléments et que nous les consommons, nous profitons par la foi de toute la signification du corps meurtri et du sang répandu de notre Seigneur Jésus-Christ. Par la foi, Christ est à nos côtés pendant le Repas et nous languissons après le jour où la foi cèdera la place à la vue et où nous festoierons avec notre Sauveur dans le Royaume du Père (Mt 26.29).

L'espoir d'un pasteur

Je me réjouis à la pensée du jour où Matthew célèbrera son baptême au sein de l'Église et où, rempli de joie, il recevra le signe et le sceau de son union avec Christ par la foi. Alors, Dieu voulant, Matthew, avec l'Église, participera régulièrement à la sainte cène pour contempler l'œuvre de Christ et bénéficier à nouveau de son sacrifice. Ensemble, nous écouterons le Seigneur déclarer que nous lui appartenons et proclamer son amour pour nous à travers les signes visibles donnés à son Église. Ensemble également nous nous souviendrons du sacrifice suprême de notre Seigneur pour nous et nous le proclamerons dans l'attente du repas que nous prendrons tous avec lui dans le Royaume du Père. Au moyen de ces sacrements, sa grâce nous est renouvelée ; par eux nous recevons Christ notre Seigneur et la joie découlant de notre communion avec sa personne. Quel extraordinaire bonheur que d'être autorisé à bénéficier de ces formidables privilèges dispensés par Jésus-Christ à son peuple !

Quelques remarques théologiques et pastorales

[Duncan]
Thabiti a cerné de manière magnifique, claire, biblique et pastorale, notre conception de la sainte cène, et il a synthétisé pour nous trois vues relatives à la présence ou à l'absence de Christ dans les éléments ou dans leur administration. Il me semble cependant utile de résumer l'accent des passages-clés portant sur les sacrements ou les ordonnances en général (par ex. Ge 9 ; 12 ; 15 ; 17 ; Ex 12 ; 24 ; És 7 ; Ac 2 ; Ro 4 ; 1 Co 1.17 ; 1 Pi 3.18-22) et sur la sainte cène en particulier (Mt 26.17-29 ; Mc 14.12-25 ; Lu 22.7-23 ; 1 Co 11.17-32)[16].

Cette démarche est importante, car plus sera claire la compréhension de ce qu'est ou n'est pas la sainte cène, de ce qu'elle accomplit ou non et de son utilité finale, plus elle se révèlera pour le croyant une aide à la croissance spirituelle.

1. Ni le baptême ni la sainte cène, en tant que sacrements, ordonnances ou signes et sceaux de l'alliance, n'inaugurent ou ne créent une relation d'alliance. Au contraire, ils ne font que représenter et confirmer celle qui, existant déjà par l'élection divine, prend sa source dans les promesses de Dieu et son établissement dans sa grâce, surgit de la volonté du Père, est accordée par le Saint-Esprit, fondée en Christ et expérimentée par la foi.

2. En tant que sacrements ou ordonnances, le baptême et la sainte cène font partie des promesses divines. Ils nous ont été donnés pour étayer notre foi dans les promesses de l'alliance divine et pour en favoriser la croissance. Cette idée-là est liée à la notion du sacrement vu comme un sceau.

3. Dieu n'est pas, à proprement parler, présent « dans » quelque sacrement que ce soit, mais l'analogie sacramentelle qui y réside marque la promesse de la présence de Dieu, promesse glorieuse, gracieuse, née dans l'Alliance et porteuse de communion. C'est par l'Esprit que nous reconnaissons sa présence. À travers le sacrement, et particulièrement à travers la sainte cène et son caractère permanent et répétitif, nous avons un avant-goût de la communion glorieuse dans la promesse ultime de l'alliance : « Je serai votre Dieu et vous serez mon peuple », de l'espoir ultime de l'alliance : « Dieu avec nous » ; et de la communion ultime de l'alliance : « être assis à sa table ».

4. Les sacrements ou ordonnances comportent des aspects objectifs et subjectifs ainsi que des aspects invisibles et visibles. Tout refus de s'attaquer à la distinction entre le signe (aspect visible) et le signifié (aspect invisible) annihile le sacrement, comme l'a fait remarquer Calvin. De plus, la dimension objective (le signe) est au service de la dimension subjective (la réalité signifiée). C'est pourquoi parler d'efficacité sacramentelle sans faire allusion à

l'instrument subjectif décisif (la foi) et à ses effets subjectifs (une foi fortifiée, la croissance dans la grâce, l'assurance) revient à passer complètement à côté du but poursuivi par l'Esprit avec la sainte cène.

5. Il s'ensuit que les signes sacramentaux n'ont pas la capacité de conférer une réalité sacramentelle. Les sacrements sont efficaces dans le sens où ils accomplissent le but poursuivi par Dieu mais ils ne le sont pas dans tous les cas. Il y aura toujours des Ismaël et des Simon (Ac 18). Ceux qui prônent une efficacité objective totale, c'est-à-dire qui estiment que les sacrements et les ordonnances communiquent automatiquement une grâce par le simple effet de leur administration, doivent aller la quérir à Rome ou à Constantinople, et ce, sans le moindre soutien de la pensée biblique de l'alliance.

6. Pas un seul des récits sur la sainte cène n'attire notre attention sur la présence corporelle de Christ dans le Repas. La sémantique du corps et du sang pointe en direction du sacrifice de l'alliance[17].

7. Les points positifs des récits de la sainte cène dans le Nouveau Testament nous incitent à : a) rendre grâces à Dieu pour le salut que nous avons par Christ ; b) commémorer par un repas d'alliance la mort de Christ comme l'exode de la nouvelle alliance ; c) proclamer ou exposer la signification glorieuse et insondable de sa mort salvatrice ; et d) communier avec lui et avec son peuple, c'est-à-dire son corps.

Communion des enfants et conclusion

Bien que permettre à des enfants en bas âge n'ayant pas encore confessé sérieusement leur foi de prendre la sainte cène ait été, pendant longtemps, l'apanage des Églises d'orient, cette pratique commence maintenant à avoir cours dans les cercles libéraux et protestants traditionnels, à l'exception de rares cercles réformés conservateurs. La grande majorité des protestants évangéliques, qu'ils soient pédobaptistes ou crédobaptistes, s'accordent pour dire que la Table du Seigneur est réservée uniquement aux individus ayant mis leur confiance en Jésus-Christ. Il en découle que les personnes autorisées à participer à la sainte cène sont *celles qui ont mis leur confiance en Jésus-Christ seul pour leur salut, conformément à son sacrifice relaté dans les Évangiles, et qui ont reçu le signe réservé aux membres (le baptême) du corps de Christ, son Église.* Le Repas du Seigneur est donc réservé aux croyants ayant fait profession de foi dans le Seigneur Jésus-Christ et capables de « discerner le corps du Seigneur », c'est-à-dire l'Église (1 Co 11.29).

Pour conclure notre exposition de l'article 12 de la *Confession de foi* de la *Gospel Coalition*, il est utile de résumer certains points importants de l'enseignement biblique sur la nature des sacrements (ou ordonnances). Les sacrements ou signes et sceaux de l'alliance sont des « paroles rendues visibles » (Saint Augustin). Par eux, nous pouvons voir de nos yeux la promesse divine. Par eux, les mots se font tangibles, peuvent se sentir, se toucher et prendre une saveur. Lorsque les Écritures sont lues et prêchées, Dieu utilise l'audition pour toucher notre esprit et notre être conscient. Dans les sacrements, il le fait par les autres sens. La promesse divine devient tangible dans, par et pour les sens. Le sacrement est un signe et un sceau de l'alliance, ce qui signifie qu'il nous rappelle une promesse et qu'il nous la confirme. Le sacrement pointe en direction d'une gracieuse promesse de Dieu à son peuple et la confirme.

En d'autres termes, un sacrement est un acte imaginé par Dieu dans le but de signer (symboliser) et sceller (ratifier) une réalité d'alliance accomplie par la puissance et la grâce de Dieu ; la Parole de Dieu nous a communiqué la signification de cette réalité que les hommes reçoivent, ou dans laquelle ils pénètrent, par le seul moyen de la foi. C'est pourquoi la faiblesse et la fragilité de la foi humaine accueillent avec joie cet acte de réconfort gracieux. Les sacrements, de par leur nature, complètent et confirment les promesses divines contenues dans la Parole, et la grâce qu'ils octroient est la même que celle apportée par la prédication. Ils sont efficaces seulement pour les élus puisque leurs avantages les sanctifient et que c'est par la foi qu'ils sont reçus.

NOTES

1. D. Marion Clark, "Baptism: Joyful Sign of the Gospel," dans *Give Praise to God: A Vision for Reforming Worship*, ed. Philip Graham Ryken, Derek W.H. Thomas, and J. Ligon Duncan III (Phillipsburg, NJ: P&R, 2003), p. 171.

2. James V. Brownson, *The Promise of Baptism: An Introduction to Baptism in Scripture and the Reformed Tradition* (Grand Rapids, MI: Eerdmans, 2007), p. 24, 25.

3. Clark, Baptism, p. 179.

4. Donald S. Whitney, *Spiritual Disciplines within the Church,* (Chicago: Moody, 1996), p. 138.

5. Il est clair que les pédobaptistes presbytériens ne tirent pas les mêmes conclusions du texte de Romains 6 sur le mode de baptême (p. ex. : la "descente dans la tombe liquide") que les crédobaptistes, ainsi que nous l'expliquons plus bas.

6. Clark, Baptism, p. 177.

7. La liste des ouvrages traitant du baptême semble sans fin. Cependant, vous trouverez ci-dessous quelques-unes des meilleures présentations des arguments respectifs des positions crédo et pédo baptistes se référant à la fois à l'Écriture et à l'histoire chrétienne. (1) *Believer's Baptism : Sign of the New Covenant in Christ*, ed. Thomas R. Schreiner et Shawn D. Wright (Nashville, TN: Broadman, 2006) ; -- superbe série d'essais émanant de la plume de chercheurs crédobaptistes de renommée. (2) *Baptism : Three views*, ed. David F. Wright (Downers Grove, IL : InterVarsity, 2009). Le Professeur Wright a été mon « Doktorvater » [directeur de thèse] à l'université d'Edimburgh. Bien qu'il ait été ancien dans l'Église d'Écosse (presbytérienne), c'était un crédobaptiste convaincu et un spécialiste de l'histoire du baptême des enfants. Son livre

contient une solide présentation des positions crédo et pédo baptistes ainsi que de la position d'un compromis « à la Bunyan ». (3) George R. Beasley-Murray, *Baptism in the New Testament* (London : Macmillan, 1962) [Le baptême dans le Nouveau Testament] ; une étude solide et érudite qui défend la position du baptême pour les seuls croyants. (4) Geoffrey Bromiley, *Children of Promise : The case for Baptising infants* (Grand Rapids, MI Eerdamns, 1979). Bromiley était un théologien et historien apprécié et, bien que son livre soit court et destiné à un lectorat populaire, il présente remarquablement la vue pédobaptiste. (5) Paul K. Jewett, *Infant Baptism and the Covenant of Grace* (Grand Rapids, MI Eerdmans 1978). Critique du baptême des enfants à partir de la position sur le baptême des croyants de l'alliance. (6) *The Case for Covenantal Infant Baptism*, ed. Gregg Strawbridge (Phillipsburg, NJ : P&R, 2003). Série d'essais présentant la position pédobaptiste d'une façon convaincante. (7) Rowland Ward, *Baptism in Scripture and History* (Melbourne : New Melbourne Press, 1991). Brève mais utile présentation du sujet vu d'une perspective pédobaptiste fondée sur le mode d'administration du baptême. (8) Joachim Jeremias, *Infant Baptism in the First Four Centuries* (London : SCM, 1960) ; survol des preuves patristiques, les textes sont interprétés d'un point de vue pédobaptiste. (9) Kurt Aland, *Did the Early Church Baptize Infants ?* (Philadelphia : Westminster, 1963) Une réplique crédobaptiste à Jeremias de la main d'un chercheur reconnu. (10) Joachim Jeremias, *The Origins of Infant Baptism: A Further Study in Reply to Kurt Aland* (London: SCM, 1963). Jeremias répond à Aland, en continuant de présenter son interprétation pédobaptiste des textes des Pères de l'Église. (11) Everett Ferguson, *Baptism in the Early Church: History, Theology and Liturgy in the First Five Centuries* (Grand Rapids, MI: Eerdmans, 2009). Cet érudit renommé de la patristique, dans la lignée de la tradition de Campbell, présente une étude fleuve des textes des pères de l'Église. Ses conclusions sont les suivantes. Mode : immersion ; but : pardon et régénération (au moins à partir de Tertullien). Inutile de préciser que les membres crédobaptistes et pédobaptistes de la *Gospel Coalition* tireraient de ces textes des conclusions différentes. Il n'en reste pas moins que son œuvre est importante.

8. James Orr, *"Baptismal Regeneration,"* dans *International Standard Bible Encyclopedia* (Grand Rapids, MI: Eerdmans, 1939), 1:397.

9. Stephen Charnock, *The Doctrine of Regeneration* (repr. Grand Rapids, MI: Baker, 1980), p. 99–100.

10. *Westminster Larger Catechism*, Question 167.

11. John Calvin, *Treatises on the Sacraments: Catechism of the Church of Geneva, Forms of Prayer, and Confessions of Faith,* trans. Henry Beveridge (Grand Rapids, MI: Reformation Heritage, 2002), p. 173.

12. Richard D. Phillips, *"The Lord's Supper: An Overview,"* in *Give Praise to God*, p. 197.

13. Jean Calvin, *Institution de la Religion Chrétienne*. Éditions Excelsis/Kerygma, 2009, ß4.17.2.

14. Phillips, *"The Lord's Supper,"* p. 198–99.

15. Jean Calvin, *Institution de la Religion Chrétienne*. Éditions Excelsis/Kerygma, 2009, 4.17.10.

16. Pour un traitement plus approfondi de ces passages, y compris Jean 6 souvent invoqué à tort à l'appui, voir J. Ligon Duncan III, "True Communion with Christ in the Lord's Supper," in *The Westminster Confession into the 21st Century,* vol. 3 (Ross-shire: Mentor), p. 429–75, esp. p. 450–71.

17. Donald Macleod déclare sans équivoque : « La question de la présence du Seigneur dans le sacrement n'est pas soulevée dans les textes néotestamentaires eux-mêmes » (*Priorities for the Church* [Fearn, Scotland: Christian Focus, 2003], p. 122).

STEPHEN UM

Titulaire d'un doctorat en théologie de l'Université de St Andrews, il est le pasteur principal de *CityLife Church* à Boston, Massachusetts. Il enseigne également le Nouveau Testament au *Gordon-Conwell Theological Seminary*. Il est l'actuel secrétaire du conseil des directeurs de la *Gospel Coalition*.

Le royaume de Dieu

STEPHEN UM

Nos contemporains ont des problèmes avec l'autorité. Le libre-penseur autoproclamé refuse toute forme de règle – à l'exception de sa propre autorité – car il estime qu'aucun pouvoir officiel n'est en mesure d'émanciper de quelque domination. Il considère toute autorité extérieure comme fondamentalement oppressive. Acceptons cette conclusion, et il devient facile d'entretenir l'illusion que nous, êtres humains, n'avons besoin d'aucune autorité extérieure. Une scène du *Sacré Graal,* des Monty Python, illustre bien cet a priori contre l'autorité, tout en suggérant de façon satirique que certaines formes de suprématie peuvent être répressives et contraignantes.

> *Roi Arthur :* Eh la vieille.
>
> *Dennis :* Le vieux.
>
> *Roi Arthur :* Oh, pardon. Quel chevalier demeure en ce château ?
>
> *Dennis :* J'ai 37 ans.
>
> *Roi Arthur :* Quoi ?

Dennis : J'ai 37 ans, je ne suis pas vieux.

Roi Arthur : J'ignorais votre nom.

Dennis : Je m'appelle Dennis.

Roi Arthur : Je ne le savais pas.

Dennis : Vous n'avez pas cherché à le savoir.

Roi Arthur : J'ai dit « la vieille » parce que, vu de dos...

Dennis : Je réprouve votre manière de me traiter d'emblée en inférieur.

Roi Arthur : Mais je suis le roi.

Dennis : Le roi. Hein. Bravo ! Comment devient-on roi ? En exploitant les travailleurs. En s'attachant à un dogme impérialiste périmé qui maintient l'inégalité économique et sociale...

Roi Arthur : Je suis votre roi.

Femme : Je ne savais pas que nous avions un roi. Je croyais que nous étions un collectif autonome...

Roi Arthur : Je suis votre roi.

Femme : Je n'ai pas voté pour vous.

Roi Arthur : Les rois ne sont pas élus.

Femme : Comment deviennent-ils rois ?

Roi Arthur : La dame du Lac, le bras vêtu de pur brocart chatoyant fit jaillir des profondeurs de l'onde Excalibur, l'épée qui, par la grâce divine, fait de moi votre roi.

Dennis : Une femme bizarre qui distribue des épées au fond d'une mare ne peut créer un système politique. Le pouvoir exécutif est délégué par les citoyens, et non par une cérémonie aquatique grotesque.

Cette interprétation de l'autodétermination, qui domine dans notre culture, est soutenue par des penseurs postmodernes tels que Don Cupitt, qui déclare : « L'ère de l'autorité des grandes institutions, de la légitimation des mythes et de la Vérité avec un grand V, est révolue[1] ». Son affirmation relève d'une autorité audacieuse, ce qui rend bien sûr sa déclaration ironique, voire contradictoire. Il s'agit là de l'ironie et du paradoxe du choix. La pensée moderne croit que la multiplicité des choix libère, alors qu'en fait elle embourbe, pour finalement démotiver et tyranniser[2]. Selon Richard Bauckham :

> Dieu est, par conséquent, indubitablement impliqué dans la crise contemporaine relative à la liberté. [...] La croyance en Dieu [...] semble incompatible avec l'autonomie humaine pour beaucoup de gens. [...] Bien trop souvent dans l'histoire de l'Église, Dieu a été représenté à tort comme celui qui réprime la liberté au lieu de la promouvoir. Il a été vu comme le despote céleste servant de modèle et de ratification aux régimes oppressifs sur terre. Il est clair que la Bible ne présente pas Dieu ainsi. Sa suprématie libère de toute suprématie humaine. Cela vient du fait que le Maître divin lui-même exerce son pouvoir suprême non pas par la domination, mais en se faisant esclave pour servir (Ph 2.6-11)[3].

Qu'en est-il alors de l'autorité et de la royauté dans la foi chrétienne ? Le postmodernisme renforce l'autorité intrinsèque de l'individu pour la brandir contre les revendications extrinsèques et autoritaires de la rationalité du siècle des Lumières ou de l'autorité religieuse prémoderne. En revanche, le message de la Bible n'enseigne pas l'élévation de soi mais l'autorité de la grâce. L'autorité dépend en premier lieu de Dieu et de son miséricordieux don de lui-même pour nous[4]. En d'autres termes, l'intimité croissante dont jouiront des individus au sein d'une relation réduira de façon inévitable, naturelle et simultanée leur niveau d'indépendance.

La Bible présente la réalité incontestable de l'autorité de Dieu, de sa Parole et de la vérité qu'il a révélée. Par conséquent, le thème de la royauté de Dieu occupe une place centrale et essentielle dans toute l'Écriture. Ce chapitre examine une théologie, une identité et une communauté façonnées par le royaume de Dieu.

UNE THÉOLOGIE FAÇONNÉE PAR LE ROYAUME

Le concept du royaume de Dieu est un enseignement important que l'on retrouve dans toute l'Écriture. La Bible emploie aussi les termes de « royaume des cieux », « royaume de Christ », « royaume de l'Éternel » et simplement « royaume ». Puisque la Bible constitue un seul livre, de nombreux commentateurs ont essayé de trouver un thème biblique particulier qui unifie les deux Testaments. La Bible fait évidemment état de beaucoup de thèmes complémentaires de grande importance, mais on peut défendre l'argument selon lequel « le lien qui relie [les Testaments] est le concept dynamique du règne de Dieu[5] ».

Dans le paysage de l'interprétation biblique, il est intéressant de noter que de nombreuses explications du mot *royaume* ont été avancées. Certains ont circonscrit le royaume de Dieu au règne présent et subjectif ainsi qu'à la puissance intérieure de l'Esprit à l'œuvre dans le cœur de l'homme. D'autres ont soit rapporté la définition à un règne nouveau, futur, céleste et spirituel, soit assimilé le royaume à l'Église visible.

D'autres encore ont adopté une approche réductrice en percevant le royaume comme un programme social idéal pour la civilisation humaine, sans référence à la rédemption individuelle. Ainsi, selon cette approche, « construire » le royaume revient à résoudre tous les problèmes sociaux tels que la pauvreté, l'injustice sociale et les différentes formes d'inégalité.

Cette diversité d'interprétations au cours de l'Histoire vient de ce que l'enseignement biblique englobe des aspects hétérogènes du royaume : à la fois réalité présente (Mt 12.28 ; 21.31 ; Mc 10.15) et bénédiction future (1 Co 15.50 ; Mt 8.11 ; Lu 12.32) ; à la fois bénédiction spirituelle et salvatrice d'une vie renouvelée (Ro 14.17 ; Jn 3.3) et règne à venir élargi à toute la société (Ap 11.15).

Pour harmoniser ces perspectives, la clef consiste à comprendre ce que la Bible entend par le mot *royaume*. Qu'est-ce que le royaume de Dieu ? La plupart des dictionnaires modernes définissent un royaume comme un « milieu », un « domaine » ou un « lieu ». Ces définitions ont éloigné certaines personnes de la signification biblique qui met l'accent sur le rang, la loi, le règne, la domination et l'autorité royale de Dieu[6].

Dans la parabole de Luc 19, Jésus clarifie le sens fondamental du royaume de Dieu. L'histoire décrit un notable qui « s'en alla dans un pays lointain, pour se faire investir de l'autorité royale, et revenir ensuite » (Lu 19.12). Cet homme ne s'est pas rendu dans un autre pays pour se doter d'un royaume sur lequel gouverner ; il a quitté son propre domaine pour chercher ailleurs l'autorité, la royauté, le droit de gouverner le territoire dans lequel il reviendrait (Lu 19.15). (Peut-être Jésus pense-t-il à Hérode, parti recevoir la bénédiction de César à Rome, afin de pouvoir revenir en Judée pour y gouverner sous le nom de roi Hérode.)

Le royaume de Dieu représente fondamentalement le règne souverain de Dieu, exprimé et concrétisé au cours des différentes étapes de l'histoire de la rédemption. Cette doctrine biblique découle de la vérité que Dieu, en tant que seul souverain authentique, vivant et éternel, a toujours existé et règne donc sur sa création. « Le royaume de Dieu, déjà présent mais pas encore entièrement instauré, traduit l'exercice de la souveraineté de Dieu dans le monde en vue de la rédemption finale de toute la création[7] ».

Le règne de Dieu dans la création

Beaucoup de ceux qui ont examiné la théologie de la royauté ont insisté de manière inappropriée sur le règne cosmique de Dieu en tant que Créateur du monde (Ps 24.1 ; 93.1 ; 95.3-7 ; 47.1-9 ; 83.19 ; 103.19 ; 113.5 ; comparer Da 4.25-27 et 5.21 ; Mt 5.34 ; Ép 1.20-21 ; Col 1.16 ; Hé 12.2 ; Ap 7.15). Il existe un lien évident entre le règne majestueux de Yahvé et l'histoire de la monarchie israélite (1 Samuel 8), pourtant le règne de Dieu a commencé lorsqu'il a administré et souverainement préservé l'ordre cosmique qu'il avait créé. Graeme Goldsworthy déclare :

> Le règne souverain de Dieu a été parfaitement illustré dans le monde mis à l'épreuve ; Dieu a fixé les limites de la liberté humaine au sein du royaume (Ge 2.15-17). La félicité de ce royaume reposait à la fois sur la relation de l'homme avec Dieu et sur celle de l'homme avec la création. La nature était soumise à la domination de l'homme et pourvoyait abondamment à ses besoins[8].

Dieu, Créateur et Seigneur, a délégué son administration royale en « chargeant l'homme de dominer sur le monde régi par des bénédictions édéniques (Ge 1.28) [ce que] l'on peut comprendre comme le signe d'une relation d'alliance entre Dieu et l'homme[9] ».

Les périodes historiques dont l'Écriture dépeint l'évolution témoignent bien du thème du royaume de Dieu. Le concept du Dieu-Roi était fondamental pour un peuple nomade qui considérait son Dieu comme le roi souverain. Dieu accompagnait ses déplacements, le protégeait et l'abritait, tout en formant une lignée de descendants qui seraient choisis pour devenir son peuple particulier.

Cette description du règne de Dieu porte principalement sur les enfants d'Abraham et le territoire d'Israël[10]. Genèse 4–11 décrit la lignée d'Abraham, patriarche qui reçut d'importantes promesses d'engagement à propos d'une grande nation, d'un grand pays, d'un règne et d'une relation fondés sur une alliance (Ge 12.1-3). Certains ont interprété cette triple promesse comme une mise en évidence de la description biblique du royaume de Dieu, à savoir le peuple de Dieu, le domaine de Dieu et le règne de Dieu[11].

Le règne de Dieu dans l'Exode

Au temps de l'exode hors d'Égypte, Dieu a établi son règne sur l'histoire d'Israël en se servant d'une série d'interventions divines et de puissants actes de délivrance (voir par ex. Ex 15 ; De 6.20-24 ; 26.5-10 ; Jos 24.5-13 ; Ps 78 ; 105 ; 106 ; 114 ; 135 ; 136 ; Né 9.9-15) : la libération du peuple retenu en esclavage, les fléaux miraculeux et le passage de la mer Rouge, la protection des Israélites dans le désert, ainsi que des expériences théophaniques. Le peuple a reconnu que les actes salvateurs successifs de Yahvé émanaient de sa souveraineté, « formant une continuité que Dieu maîtrisait, une histoire, et que cette histoire avançait vers un avenir correspondant à la volonté de Dieu[12] ». Quand il a délivré son peuple de la main de Pharaon et l'a conduit jusqu'en terre promise, Dieu a fait valoir l'activité liée à son règne (Ex 15 ; 19.4).

Le règne de Dieu pendant la période de la monarchie et des prophètes

Pendant la période monarchique, l'histoire du salut abonde en tragédies. Israël a été appelé et mis à part pour être une bénédiction pour le monde et pour diriger le pays promis en tant que vice-gouverneur de Dieu (voir 1 Ch 29.23 et 2 Ch 6). Malheureusement, l'infidélité plus que la fidélité, l'idolâtrie plus que l'adoration et la rébellion plus que l'obéissance ont marqué son Histoire. L'armée céleste a toujours adoré Dieu et continue d'exalter sa sainteté par un « service volontaire sans réserve[13] ». Mais les hommes ont refusé d'honorer Dieu comme roi, ce qui explique l'essor des royaumes terrestres animés d'une opposition malveillante envers Dieu. Par conséquent, les livres prophétiques présentent un message d'espoir dont le Messie annoncera le commencement. Ce dernier « jugera les méchants et introduira l'humanité rachetée dans une nouvelle création (Éz 36 ; 47 ; És 35 ; 55 ; 65 ; Za 14)[14] ».

Telle sera la scène dans l'histoire de la rédemption : un jour grand et glorieux où toutes choses seront restaurées, où le règne universel de Dieu sera rétabli (És 26.1-15 ; 28.5,6 ; 33.5-24 ; 17–22 ; 44.5 ; Éz 11.17-21 ; 20.33-38 ; Os 2.16,17 ; Za 8.1-8), accompagné de la justice du royaume (És 11.3-5 ; Jé 23.5,6) ainsi que d'une paix et d'une harmonie éternelles (És 2.2,3 ; 9.5,6 ; 11.6,7 ; 35.9 ; Mi 5.4 ; Za 9.9,10)[15] ».

Le règne messianique de Dieu dans le Nouveau Testament

Dans le Nouveau Testament, Jésus et Jean-Baptiste annoncent tous deux que le royaume des cieux est proche (Mt 3.2 ; 4.17 ; Mc 1.15). L'incarnation et le ministère continuel de Christ constitueront la dernière phase de l'établissement du royaume sur terre (Mt 2.2 ; 4.23 ; 9.35 ; 27.11 ; Mc 15.2 ; Lu 16.16 ; 23.3 ; Jn 18.37). Bien que ce ministère terrestre existe déjà, son achèvement et son accomplissement total n'auront lieu que lors du retour de Christ en gloire (1 Co 15.50-58 ; Ap 1.5).

La présentation de cette mission centrale d'introduction du stade final du royaume, va permettre à une humanité brisée et déchue d'entrer dans le royaume de Dieu (Mt 5.20 ; 7.21 ; Jn 3.3). La réalité du royaume, règne puissant de Dieu, entrera dans « l'Histoire d'une nouvelle manière, car le Roi lui-même [viendra] "annoncer l'acte rédempteur décisif de Dieu, et l'accomplir[16]" ». Même ses paraboles servent de moyen d'enseignement pour illustrer à ses disciples les vérités de son royaume (Mt 13.10-11). Si les bienfaits et les privilèges de l'Évangile sont déjà en partie présents (Ép 1.3), la future bénédiction de gloire est promise à ceux pour qui elle a été préparée (Mt 25.31,34)[17].

Tout au long de l'Ancien Testament, on trouve de nombreux thèmes au sein des livres canoniques où une tension dramatique et des résolutions apparemment incompatibles font se corser l'affaire dans le récit[18]. Les tensions ne peuvent se résorber qu'en la personne de Christ, de même qu'un règne source de salut, parfaitement juste et paisible, ne peut pleinement s'accomplir qu'en lui. Depuis le jardin d'Éden, la chute a fait perdre à l'humanité la liberté de jouir des gloires du règne de Dieu. En conséquence, la pièce de théâtre de l'histoire humaine va consister en une participation perpétuelle à une quête insatiable pour trouver le vrai roi parfait.

La tragédie de l'histoire biblique, notamment au cours de la période de la monarchie, illustre la tentative infructueuse du peuple d'apprendre comment il doit se soumettre au règne de Dieu. Au lieu de renoncer à vouloir se créer eux-mêmes, se mettre en avant et se sauver eux-mêmes, et plutôt que d'adhérer au culte du Dieu unique, les Israélites montrent tout au long de l'Histoire l'asservissement du cœur humain à l'idolâtrie. Aucun des représentants du peuple de Dieu – d'Adam, Noé, Abraham, Jacob, Moïse et David à toutes les autres grandes figures rédemptrices – n'a réussi à résorber la tension au sein du fil historique du salut en apportant la guérison et la libération de l'esclavage et de l'asservissement. La solution offerte par Dieu était inattendue : en se servant de l'incarnation, Dieu a lui-même rendu visite à une humanité déchue, et le renouvellement de tout ce qui avait été brisé s'est opéré à travers l'œuvre d'un Messie souffrant. Avec une sublime ironie, Dieu s'est identifié à ceux qu'il avait condamnés.

Cette image paradoxale d'un Dieu prêt à s'identifier par sa mort à un peuple abandonné à lui-même est reliée au serviteur souffrant dans Ésaïe 52.13–53.12, serviteur qui a porté les péchés de beaucoup et qui a souffert de façon substitutive.

C'est dans ce contexte du lien nécessaire entre la nature unique de Dieu et ses actions [finales] pour le salut d'Israël et du monde, que les premiers chrétiens ont lu des textes sur la personnalité énigmatique du Serviteur de l'Éternel, qui rend témoignage de la divinité unique de Dieu et qui, aux chapitres 52 et 53, endure à la fois l'humiliation et la mort, mais est aussi exalté et élevé[19].

L'espoir de rédemption qui se révèle pour une humanité rebelle ainsi que la nouveauté de vie offerte à une création brisée, s'expriment et s'accomplissent en Jésus-Christ venu en chair. Le royaume dispose désormais de sa réalité objective concrétisée par la venue et l'activité historiques du roi messianique. La description biblique du royaume, mettant en valeur le peuple, le rôle et la puissance de Dieu, voit son accomplissement final et complet en Jésus qui incarne le peuple, la présence et l'autorité véritables de Dieu.

L' « accomplissement » du peuple de Dieu en Christ

Luc décrit Adam comme le fils de Dieu (Lu 3.38), alors qu'Exode 4.22 désigne Israël, le peuple de Dieu, comme fils premier-né de Dieu. Le thème de la filiation s'est accompli en Jésus, qui a réussi en tant que parfait second Adam, « Fils bien-aimé » (Lu 3.22) et véritable Israël, là où le premier Adam et Israël avaient échoué, c'est-à-dire à se soumettre au Roi de l'univers. « Ainsi, les récits sur la tentation présentent une inversion de la conquête de Satan à la fois d'Adam dans le jardin d'Éden et d'Israël dans le désert ». Par conséquent, « toutes les prophéties concernant la restauration d'Israël [en qualité de] peuple de Dieu doivent [trouver] leur accomplissement en Jésus[20] ».

L' « accomplissement » de la présence de Dieu en Christ

L'« image du tabernacle [...] représente la personne de Jésus en tant que lieu même de la Parole et de la gloire de Dieu au sein du genre humain[21] ». Ce qui s'est avéré impossible pour Moïse, c'est-à-dire voir la gloire resplendissante de Dieu (Ex 33.20), est devenu possible pour ceux qui croient (Jn 1.14) puisque la Parole incarnée a vu Dieu (Jn 1.18 ; 3.11).

Par conséquent, la description de Jésus comme symbole de la manifestation suprême de la demeure de Dieu introduit de manière appropriée le thème du temple dans l'Évangile de Jean. Jésus est le « Temple de Dieu, humain cosmique et éternel[22] » qui s'est fait tabernacle parmi son peuple « grâce à sa forme de proximité totalement différente[23] », ce qui symbolise l'introduction de la présence finale du temple de Dieu dans l'ère messianique. Dans ce « temple », le corps de Christ (Jn 2.19-22), l'ultime sacrifice va avoir lieu ; mais Jésus déclare qu'après trois jours, le véritable temple spirituel ressuscitera des morts pour remplacer le temple de Jérusalem[24]. Le royaume de Dieu ne peut être séparé de la présence de Jésus (Hé 12.22-23)[25]. Dieu se révèle lorsqu'il manifeste sa présence vivante dans le véritable temple. La vraie adoration dispose d'un nouveau temple ; Jésus remplace le lieu temporel. Le peuple de Dieu peut désormais connaître la plénitude de la vie éternelle et les bénédictions abondantes d'une nouvelle création, qui ne peuvent s'acquérir ni par des droits territoriaux ni par un héritage passager.

Pour finir, l'Église peut être entièrement connue par un Dieu saint, au lieu d'être rejetée par lui. Le tabernacle constituait le lieu où le ciel et la terre rencontraient la gloire de Dieu assis sur le trône invisible au-dessus du propitiatoire de l'arche de l'alliance, derrière « le rideau de protection » du lieu très saint. Un accès supérieur a été accordé quand le véritable temple « s'est fait tabernacle » parmi nous (Col 2.17). Quand le Dieu-homme, le véritable temple, a été crucifié, son corps a été déchiré et son sang a coulé pour payer le prix de nos péchés. C'est à ce moment que « le voile du temple se déchira en deux, depuis le haut jusqu'en bas » (Mt 27.51).

Celui qui avait une place suprême et qui avait joui de la communion au sein de la Divinité, est venu dans un pays lointain à la recherche d'étrangers marginalisés et perdus, pour devenir lui-même un étranger rejeté, abandonné, rempli de chagrin, écrasé et méprisé pour les iniquités de l'Église (voir Hé 13.11,12). Le rideau de protection a été déchiré, l'épée flamboyante de l'ange a consumé le sacrifice parfait, afin que nous, l'Église, puissions avoir un accès illimité à la présence de notre Dieu saint. Exode 40.33 déclare : « Ce fut ainsi que Moïse acheva l'ouvrage » (voir Ge 2.2 : « Dieu acheva [...] son œuvre, qu'il avait faite »). Cela annonce les dernières paroles de Jésus ainsi que son parfait accomplissement de la rédemption : « Tout est accompli » (Jn 19.30). L'Église a été gratuitement émancipée de l'esclavage pour faire ses délices de son Dieu, qui est Esprit, dans le but qu'elle l'adore en Esprit et dans la réalité du véritable temple.

L' « accomplissement » du règne de Dieu en Christ

Jésus incarne non seulement le véritable peuple et la présence finale de Dieu, mais aussi l'ultime autorité du pouvoir royal de Dieu. Par exemple, on attribue à Jésus (Jn 4.13,14 ; voir aussi 4.10) le don de l'eau source de vie (ou de la vie elle-même), et on identifie cette capacité à un acte divin effectué par un créateur souverain qui possède l'autorité de dispenser la vie (voir És 44.3). Les récits de la création et du salut dans l'Ancien Testament décrivent, sans ambiguïté, Dieu comme étant le seul à avoir l'autorité de donner la vie (Ge 1.11,12 ; 20-31 ; 2.7 ; Job 33.4 ; És 42.5 ; Éz 36.26). L'acte divin d'accorder la vie découle de l'identité même de Dieu et met en avant son unicité.

Ces fonctions divines sont exercées par Jésus. En d'autres termes, Jésus participe à l'activité unique de la création et de la nouvelle création[26]. Dans Jean 4, Jésus répond à la femme en disant : « celui qui boira de l'eau que *je* lui *donnerai* n'aura jamais soif, et l'eau que *je* lui *donnerai* deviendra en lui une source d'eau qui jaillira jusque dans la vie éternelle » (4.14). Jésus dispense la vie ; il dispense le droit de devenir enfant de Dieu (voir Jn 1.12 : « Mais à tous ceux qui l'ont reçue, à ceux qui croient en son nom [il] a *donné* le pouvoir de devenir enfants de Dieu » ; Jn 5.21 : « Car, comme le *Père* ressuscite les morts et *donne la vie*, ainsi le Fils *donne la vie à* qui il veut »).

L'IDENTITÉ CHRÉTIENNE FAÇONNÉE PAR LE ROYAUME

Notre confession de foi stipule que « ceux que Dieu a sauvés par sa grâce, par l'union avec le Christ au moyen de la foi et par la régénération opérée par le Saint-Esprit, *entrent dans le royaume de Dieu* et jouissent des bienfaits d'une nouvelle alliance » (italiques pour souligner). La place du chrétien dans le royaume de Dieu façonne forcément son identité. Le plan salvateur du règne souverain de Dieu se manifeste dans la vie d'un chrétien de trois manières : les œuvres de la grâce, les bienfaits de la grâce et les effets de la grâce.

Les œuvres de la grâce

Le règne souverain de Dieu dans la rédemption, obtenue et accomplie par Jésus-Christ, est avant tout une œuvre salvatrice établie par sa grâce, au moyen de laquelle un pécheur est régénéré, réconcilié et autorisé à entrer dans son royaume. Les individus qui font le choix de vivre centrés sur eux-mêmes résistent à la grâce, parce que toute autorité autre que la leur les dérange. Il s'agit d'une lutte de pouvoirs d'une ampleur titanesque. La Bible annonce que la situation désespérée de l'être humain provient d'une vie sous l'emprise du péché et des passions charnelles (Ép 2.1-3). C'est la raison pour laquelle nous avons besoin d'être délivrés du péché par l'œuvre salvatrice d'un Dieu miséricordieux. Richard Bauckham affirme :

> Nous devrions considérer les forces coercitives du péché, dont nous ne pouvons nous libérer par nous-mêmes, comme n'étant pas seulement les forces internes du péché inhérentes à la nature humaine déchue et la contraignant à pécher, mais aussi les externes, telles que le consumérisme. Ces forces-là font appel aux désirs vils de la nature humaine et exploitent les gens en mettant le grappin sur les tendances humaines à l'avidité, aux désirs sexuels, à l'envie et aux excès. L'emprise qui tenaille de nombreuses personnes de notre époque allie les pires forces qui contrôlent notre société avec les pires aspects de leur être intérieur[27].

Paul déclare que le cœur humain est déchu. Par contre, il ne dit pas que nous endurcissons notre cœur parce que notre intelligence est obscurcie, mais plutôt que notre intelligence est obscurcie à cause de l'endurcissement et de la corruption de notre cœur (Ép 4.18). Dieu a manifesté son règne souverain sur la terre pour racheter des hommes déchus. Le péché consiste à placer dans notre cœur un élément central ou une valeur suprême qui remplace Dieu au point de déterminer radicalement notre recherche de bonheur, de sens et d'identité (Ex 20.1,2 ; Ro 1.25). Le péché est notre désir de nous substituer à Dieu, tandis que Dieu révèle sa grâce en Jésus en se substituant lui-même à nous[28]. Il nous a sauvés par une expiation complète, en endossant le châtiment que nous méritions à cause de nos péchés et en nous assurant gratuitement la justification et l'acceptation par sa grâce.

À cause des forces internes du péché, la Bible met l'accent sur la priorité fondamentale à accorder à la vie intérieure plutôt qu'à la vie extérieure. Le cycle de l'idolâtrie (Ga 4.8) étend son œuvre d'influence à travers les étapes qui mènent à l'adultère et à l'autonomie (Ja 4.13-16). Si l'on place au centre de sa vie personnelle la carrière, les relations, l'argent, la réussite scolaire ou la sexualité, et si l'on vit pour quoi que ce soit d'autre que Jésus, alors ce dieu de remplacement cruel écrasera et tyrannisera notre cœur.

Ceux qui vivent pour Jésus recevront l'approbation affectueuse du Roi et seront affranchis (Ga 5.1). Vivre pour sa fierté égoïste amènera un individu à vivre sous le poids d'une malédiction, puisqu'aucun être humain n'arrivera jamais à se montrer à la hauteur de ses espérances ni à atteindre ses exigences élevées, et encore moins celles de la parfaite et sainte loi de Dieu. Mon identité n'est pas de savoir qui je suis mais à qui j'appartiens. Ainsi, autant les gens religieux que ceux qui ne le sont pas ne reconnaissent pas Dieu en tant que Sauveur et Seigneur, mais de façons différentes. Ils tentent de garder le contrôle de leur vie en recherchant leur salut en dehors de Dieu[29].

La Bible nous offre une très belle image d'un Évangile à plusieurs facettes. Certains ont essayé d'opposer « l'Évangile de la vie éternelle », dominant dans l'Évangile de Jean, à « l'Évangile du royaume » des Évangiles synoptiques (Matthieu, Marc et Luc). Pourtant, l'auteur de chaque Évangile s'exprime d'une manière utile non seulement pour son propre éclairage théologique, mais aussi pour son lectorat particulier.

De plus, aussi bien Jean que les Synoptiques font le lien entre la « vie » et « le royaume de Dieu ». En répondant à Nicodème, dans l'Évangile de Jean, Jésus associe l'idée de régénération et de nouvelle vie au royaume de Dieu, afin d'initier un pharisien aux vérités relatives à cette nouvelle vie (Jn 3.3-5). D'une façon similaire, Marc rapporte les paroles de Jésus : « Si ta main est pour toi une occasion de chute, coupe-la ; mieux vaut pour toi *entrer* manchot *dans la vie*, que d'avoir les deux mains et d'aller dans la géhenne, dans le feu qui ne s'éteint point » (Mc 9.43-44). D'autre part, Jésus affirme au verset 47 : « Et si ton œil est pour toi une occasion de chute, arrache-le ; mieux vaut pour toi *entrer dans le royaume de Dieu* n'ayant qu'un œil, que d'avoir deux yeux et d'être jeté dans la géhenne ». Marc fait donc référence au royaume de Dieu en tant que « vie ».

Jean emploie les mots « vie » et « vie éternelle » pour décrire le royaume de Dieu. Pour Jean, la vie éternelle correspond à la même réalité que le royaume de Dieu. Ces réalités sont interchangeables : l'apôtre évoque le pouvoir majestueux d'un Sauveur qui offre la vie éternelle et d'un roi qui règne en souverain sur les cœurs.

Les bienfaits de la grâce

L'un des avantages d'être uni à Christ, de recevoir la vie éternelle et le pardon des péchés, réside dans le fait de devenir un nouveau citoyen du royaume de Dieu (Ép 2.19 ; Ph 3.20). Cette image paulinienne se rapporte au chrétien dans son expérience spirituelle intime comme dans ses interactions sociales. Paul décrit les différents droits et devoirs d'un citoyen qui est un inconnu et un étranger en terre étrangère. Dans leurs relations avec autrui, les chrétiens se conduisent de manière à honorer l'Évangile, faire du bien à leur prochain et glorifier Christ. Ils agissent ainsi parce qu'ils appartiennent à une communauté radicalement différente, le royaume de Dieu, et parce qu'ils sont unis à celui qui est aux commandes de l'Histoire.

Quand un Romain quittait sa ville natale, ses droits et ses responsabilités de citoyen demeuraient intacts, quel que soit le lieu où il se rendait dans l'Empire. De même, les droits et les responsabilités du chrétien au sein du royaume du roi Jésus s'étendent jusqu'aux extrémités de son règne. Tout comme Paul avait le droit d'en appeler à l'empereur romain, un citoyen du royaume de Dieu peut faire appel à l'autorité suprême du roi Jésus.

Cependant, cela devrait encourager le chrétien de savoir que Jésus est un empereur différent ; il répond toujours avec intérêt à toute affaire ou préoccupation de l'un de ses citoyens. Étant donné que l'Évangile confirme le statut juridique et permanent du chrétien, celui-ci peut prendre confiance en sachant qu'il n'existe pas de hiérarchie dans la citoyenneté.

Autrement dit, soit on est citoyen, soit on ne l'est pas ; soit on est un enfant de Dieu, soit on ne l'est pas. Cette vérité écartera toute notion erronée et toute incertitude émanant de l'idée que notre performance détermine notre statut de citoyen. En d'autres termes, on ne devient pas un citoyen de seconde classe lorsqu'on obéit moins et un citoyen de première classe lorsqu'on obéit davantage.

Ni la race, ni l'appartenance ethnique, ni la langue, ni le mode vestimentaire, ni la culture ni l'origine socio-économique ne sont des critères fondamentaux qui permettraient d'acquérir la nationalité d'un pays. La seule naturalisation détermine l'accès d'un individu à la citoyenneté d'un pays. Le seul critère pour que quelqu'un devienne chrétien est d'avoir reçu la citoyenneté non en vertu de caractéristiques sociales, culturelles, raciales ou morales, mais par la grâce du Roi. Jadis étranger (Ép 2.19), l'individu devient alors un citoyen qui bénéficie pleinement des droits et des privilèges de sa nouvelle communauté.

Les effets de la grâce

Parallèlement à ces droits et privilèges, le citoyen a la responsabilité de bien représenter le souverain de ce royaume. En tant que « concitoyens des saints, gens de la maison de Dieu » (Ép 2.19), les membres du peuple de Dieu représentent une communauté radicalement différente, contre-culturelle et cosmopolite. Ils ont en commun un langage spirituel et une allégeance qui prend le dessus sur toute autre forme de loyauté. Ils partagent non seulement une même tâche et une même responsabilité mais, plus important encore, un même objectif et plaisir suprême : glorifier et honorer le seul vrai roi et lui obéir.

Toutefois, au lieu d'adorer notre Dieu, nous nous livrons souvent à une louange qui nous satisfait personnellement. Pourtant, la grâce salvatrice a eu pour effet de nous réveiller pour nous montrer la majesté suprême en Jésus. L'image de son statut royal, lors de son entrée triomphale à Jérusalem (Jn 12.12-19), associe majesté et douceur, sainteté et humilité. Tel est le paradoxe de la royauté de Jésus. Il s'agit d'une image bouleversante et subversive illustrant l'humilité que le Serviteur-Roi a revêtue. Nous soupirons tous ardemment après un roi parfait idéal, à la fois audacieux et doux, courageux et humble qui vienne nous octroyer un statut royal. Dans son Évangile, Jean emploie souvent l'expression « être glorifié » ou « élevé » pour évoquer la croix. Il signifie par là que si nous voulons découvrir la plénitude de la gloire de Dieu, nous la trouverons à la croix et non dans des miracles triomphants. Jésus-Christ est venu dans le monde de manière paradoxale et il a été glorifié. Il a dit, en fait : « Je vais vous montrer ma grandeur royale en délaissant les richesses de mon lieu céleste pour venir vers vous, m'abaisser au point de n'être plus rien, et accorder l'abondance à vous qui êtes pauvres ».

Le peuple nourrissait de fausses espérances concernant son roi messianique. Il n'a pas du tout envisagé que le couronnement du roi ait lieu par la crucifixion. Chaque fois que nous réfléchissons à la conduite royale paradoxale et inversée de Jésus, qui est majestueux et doux, saint et humble, nous aspirons à la même royauté qui crée en nous le cœur docile d'un agneau et le cœur vaillant d'un lion, un cœur à la fois courageux et compatissant. Keller résume bien cette excellence divine :

> Ce n'est paradoxal qu'aux yeux du monde. Mais pour nous, il s'agit d'une royauté bien réelle. En Jésus-Christ, nous voyons se conjuguer la puissance infinie et la vulnérabilité totale, la justice sans réserve et l'infinie compassion, la grandeur transcendante et le côté exquis de l'accessibilité et de la proximité. Nous ressentons sur le moment quelque chose de tout à fait inouï et imprévisible. C'est géant, c'est puissant, et néanmoins parfaitement sous contrôle. L'attirance est profonde. Elle est vraiment, vraiment profonde. C'est une noblesse, c'est une royauté, c'est une manière princière de se conduire que nous voulons tous posséder. La majesté est plus majestueuse en raison de la tendresse, la tendresse est plus tendre en raison de la majesté. Si vous vous retrouvez face à face avec ce roi doux qui se présente sur un ânon, vous deviendrez un être doux. Vous ferez preuve de plus d'audace mais de plus d'humilité en même temps. Cela n'arrivera que si vous comprenez que le salut ne s'opère pas par la force, mais dans la faiblesse. Il ne dépend pas de nos efforts moraux, mais de notre soumission à la grâce de Dieu[30].

UNE COMMUNAUTÉ FAÇONNÉE PAR LE ROYAUME

Tous les peuples, institutions et groupes aimeraient changer, renouveler ou transformer la société en imprégnant la culture de leurs valeurs essentielles. Nous ne pouvons pas nous empêcher d'exercer un impact sur notre culture. Dès que quelqu'un commence à parler, il s'exprime dans une certaine langue, en fonction d'un certain contexte culturel, avec sa propre conception de la moralité et plusieurs définitions de ce qu'il considère comme « vrai », « bon » et « beau ». Personne ne devrait être amené à penser qu'il n'a aucune influence sur la « place publique ». À la question de savoir si l'Église a la responsabilité de prendre part à l'action civique de l'État (par ex. dans l'éducation, l'aide apportée aux pauvres, la prévention de l'injustice sociale, le monde artistique), il nous faut considérer ce qui suit. L'Église n'a aucune autorité juridique dans le domaine public de la ville ou de l'État, mais cela n'implique pas qu'elle doive rester en marge. L'Église a par contre la responsabilité d'agir avec compassion et d'encourager ses membres à pratiquer la justice sociale (voir Ja 1.27)[31].

Paul déclare dans Galates 6.10 : « pendant que nous en avons l'occasion, pratiquons le bien envers tous, et surtout envers les frères en la foi[32] ». Jacques dit que la vraie religion « consiste à visiter les orphelins et les veuves dans leurs afflictions, et à se préserver des souillures du monde » (1.27). En d'autres termes, l'Église a la responsabilité de cultiver à la fois la compassion pour son entourage et la piété de ses membres. Par exemple, si un système scolaire défaillant n'est pas du ressort de la responsabilité civique de l'Église, elle peut néanmoins s'investir dans une « action positive » en faveur de l'école de son quartier en offrant un soutien scolaire.

Les chrétiens devraient entretenir des liens d'amitié avec leurs voisins. Cela peut très bien inclure une inscription dans des clubs et des associations, ainsi qu'un partenariat avec des organismes également impliqués dans des programmes de bienfaisance et de bénévolat. Rien de tout cela n'affaiblit la primauté de la proclamation de l'Évangile. Au contraire, l'impact de l'Évangile, le fruit de l'Évangile, c'est l'inévitable transformation d'hommes et de femmes, à un point tel que nous nous mettons à aimer notre prochain alors qu'auparavant nous n'aimions que nous-mêmes.

Ce modèle contredit tellement la pensée et les pratiques du monde qu'il crée un « royaume alternatif », une « ville alternative » (Mt 5.14-16) où les valeurs du monde relatives au pouvoir, à la reconnaissance, au statut et à la richesse sont complètement renversées. L'Évangile inverse la place des faibles et des forts, de « l'étranger » et de « celui à l'intérieur des murs ». Spirituellement parlant, voir sa propre faiblesse constitue un avantage ; c'est un grave danger, sur le plan spirituel, que d'avoir du succès et d'accomplir des prouesses. Quand nous finissons par comprendre que nous sommes sauvés par la seule grâce de Christ, nous cessons de rechercher le salut (en termes de satisfaction psychologique, de transformation sociale, de bénédiction spirituelle, ou des trois à la fois) dans le pouvoir, le statut et l'accomplissement. Cette prise de conscience détruit leur emprise sur notre vie. L'inversion de la croix, à savoir la grâce de Dieu, nous libère de l'esclavage à d'autres puissances, telles que les choses matérielles et les statuts de ce monde, à l'œuvre dans notre vie. Nous commençons une nouvelle vie sans leur accorder beaucoup d'importance[33].

Certains vivent en ville et y trouvent la satisfaction de leurs besoins : obtention de titres, statut, éducation, formation et influence. La ville en engloutit aussi pratiquement d'autres. Mais les chrétiens cherchent à vivre à contre-courant de la culture pour créer la nouvelle communauté du royaume de Dieu. Ils participent à l'avènement de la présence et du règne de Dieu au milieu d'un peuple qu'il s'est acquis en faisant de lui une communauté radicalement distincte et mise à part, qui s'attend à ce que son autorité exprimée dans le monde soit totalement instaurée[34].

Les chrétiens refusent de croire qu'il n'existe que deux options devant notre culture : l'assimiler ou s'en séparer, capituler ou s'en évader, trop contextualiser ou trop peu adapter. Jérémie 29 encourage le peuple de Dieu à ne pas s'adapter à la culture étrangère, mais à s'y impliquer et à participer économiquement et culturellement à la vie de la cité. Le prophète demande au peuple d'être spirituellement biculturel. Il ne l'appelle pas à rendre un culte à la ville ni à haïr la culture, mais à aimer la ville. Barry Schwartz affirme que les gens sont engagés dans une psychologie de l'autonomie personnelle[35]. Nous avons toutes sortes d'objectifs, d'attentes et le souhait d'atteindre les sommets parce que nous avons soif de maximisation, mais nous sommes aussi impliqués dans des comparaisons sociales, des opportunités diverses, du regret, de l'adaptation, tout en essayant de répondre à nos attentes élevées. Selon Schwartz, il existe une psychologie de l'autonomie personnelle, mais également une autre perspective qu'il nomme « l'écologie de l'autonomie personnelle ». Si nous nous intéressons à notre psychologie dans un but individuel, nous entrerons tôt ou tard en conflit avec l'écologie de l'autonomie personnelle (la structure écologique où chacun poursuit son propre intérêt, de sorte que la structure qui maintient l'autonomie personnelle est sapée), et alors l'une ou l'autre va devoir céder. On ne peut pas poursuivre ses propres objectifs et soutenir ceux de quelqu'un d'autre s'ils entrent en conflit. Il est difficile de rechercher le bien commun si ce dernier provoque des tensions avec des intérêts personnels. Cependant :

> L'Évangile crée une « communauté du royaume » (une contre-culture, l'Église) où nous sommes « un sacerdoce royal » qui montre au monde à quoi ressemblera le royaume à venir (1 Pi 2.9-10). Nous « illustrons » la façon dont toute la vie – les affaires, les relations ethniques, la vie de famille, l'art et la culture – est guérie et retissée par le Roi[36].

Les communautés alternatives qui sont motivées par le royaume présenteront un équilibre sain entre « une prédication convaincante et solide au niveau théologique, une évangélisation dynamique, l'apologétique et la croissance de l'Église ». Ces communautés auront également un équilibre sain dans l'implantation d'Églises qui « mettra l'accent sur la repentance, le renouvellement personnel et la sainteté de vie », ainsi que dans leur sage « engagement dans les structures sociales courantes et leur implication culturelle dans l'art, les affaires, les études et la politique[37] ». La trame de nos communautés et notre être intérieur continueront d'être restaurés et remodelés sous le règne suprême de Christ, souverain sur toute sa création.

NOTES

1. Don Cupitt, « Post-Christianity », dans *Religion, Modernity, and Postmodernity,* Religion and Spirituality in the Modern World, éd. Paul Heelas (Oxford : Blackwell, 1998), p. 218 (Traduction Ed. Clé).

2. Barry Schwartz, Le paradoxe du choix : comment la culture de l'abondance éloigne du Bonheur, M. (Neuilly-sur-Seine, 2006), p. 9.

3. Richard J. Bauckham, *God and the Crisis of Freedom: Biblical and Contemporary Perspectives* (Louisville, KY : Westminster, 2002), p. 50–51 (Traduction Ed. Clé).

4. Bauckham, *God and the Crisis of Freedom*, p. 68, (Traduction Ed. Clé).

5. John Bright, *The Kingdom of God* (Nashville, TN: Abingdon Press, 1980), p.196 (Traduction Ed. Clé).

6. La définition première du mot hébreu *malkuth* et du grec *basileia* désigne le rang, l'autorité et le règne souverain appartenant à un roi. Le royaume peut correspondre au domaine, au milieu, à la position ou aux sujets, mais ce sont là des définitions secondaires (voir Ps 103.19 ; 145.11,13 ; Da 2.37).

7. Confession de foi de la *Gospel Coalition*, paragraphe 10. Disponible sur www.thegospelcoalition.org (rubrique *About Us*).

8. Graeme Goldsworthy, « The Kingdom of God and the Old Testament» (Traduction Ed. Clé), http://www.presenttruthmag.com/archive/XXII/22-4.htm.

9. Meredith G. Kline, *Kingdom Prologue* (South Hamilton, MA: Gordon-Conwell Theological Seminary, 2006), p. 12 (Traduction Ed. Clé).

10. Richard Pratt, « What Is the Kingdom of God? » (Traduction Ed. Clé), http://www.thirdmill.org/files/english/html/th/TH.h.Pratt.kingdom.of.god.html.

11. Goldsworthy, « The Kingdom of God and the Old Testament » (Traduction Ed. Clé).

12. George R. Beasley-Murray, *Jesus and the Kingdom of God* (Grand Rapids, MI : Eerdmans, 1988), p. 19 (Traduction Ed. Clé).

13. Pratt, « What Is the Kingdom of God? » (Traduction Ed. Clé).

14. *Ibid.* (Traduction Ed. Clé).

15. Beasley-Murray, *Jesus and the Kingdom of God*, p. 20 (Traduction Ed. Clé).

16. John Piper, « Book Review of *The Kingdom of God* by John Bright » (Traduction Ed. Clé), http://www.desiringgod.org/ResourceLibrary/Articles/ByTopic/30/2687_Book_Review_of_The_Kingdom_of_God_byjohn_Bright/.

17. George E. Ladd, *L'Évangile du royaume : Exposé sur le royaume de Dieu*, Editions Emmaüs, Saint-Légier (Suisse, 2009).

18. Tim Keller, « Preaching the Gospel », *PT 123 Gospel Communication* (Spring 2003), p. 58–59 (Traduction Ed. Clé).

19. Richard J. Bauckham, *Jesus and the God of Israel: God Crucified and Other Studies on the New Testament's Christology of Divine Identity* (Grand Rapids, MI : Eerdmans, 2008), p. 35 (Traduction Ed. Clé).

20. Piper, « *Kingdom of God* » (Traduction Ed. Clé).

21. Craig Koester, « The Dwelling of God: The Tabernacle in the Old Testament, Intertestamental Jewish Literature, and the New Testament », CBQMS 22 (1989) : p. 102 (Traduction Ed. Clé).

22. *Ibid.*, p. 102 (Traduction Ed. Clé). (Voir Jean 1.51 : « Vous verrez désormais le ciel ouvert et les anges de Dieu monter et descendre au-dessus du Fils de l'homme. »)

23. Herman Ridderbos, *The Gospel according to John* (Grand Rapids, MI : Eerdmans, 1997), p. 51 (Traduction Ed. Clé).

24. D.A. Carson, *Évangile selon Jean*, (Excelsis, Charols : 2011), p. 215-216.

25. Piper, « *Kingdom of God* » (Traduction Ed. Clé).

26. Richard J. Bauckham, *God Crucified: Monotheism and Christology in the New Testament*, Didsbury Lectures, 1996 (Carlisle : Paternoster, 1998), *viii*, p. 35 (Traduction Ed. Clé).

27. Bauckham, *God and the Crisis of Freedom*, p. 17 (Traduction Ed. Clé).

28. John Stott, *La croix de Jésus-Christ,* (EBV, Mulhouse : 1988), p. 153.

29. Tim Keller, « A Gospel for the More Secular », http://www.redeemer.com/resources, voir aussi son livre *Les idoles du Cœur* (Éditions Clé, 2012).

30. Tim Keller, Jean 12 sermon, http://www.redeemer.com/sermons.

31. Confession de foi : « Les œuvres bonnes constituent la preuve indispensable de la grâce salvatrice. [...] Nous devons aimer notre prochain comme nous-mêmes, faire du bien à tous, et notamment à ceux qui appartiennent à la famille de Dieu. [...] [Le royaume] fonde donc inévitablement une nouvelle communauté humaine sous l'autorité de Dieu. »

32. Confession de foi : « Nous devons aimer notre prochain comme nous-mêmes, faire du bien à tous, et notamment à ceux qui appartiennent à la famille de Dieu. »

33. Tim Keller, « Preaching the Gospel », p. 33–34.

34. Voir la vision théologique du ministère de la *Gospel Coalition* (volume 1 de cette collection).

35. Schwartz, *Le paradoxe du choix*, p 215–217.

36. Voir la vision théologique du ministère de la *Gospel Coalition*.

37. *Ibid.*

La Gospel Coalition

Nous constituons un groupement de pasteurs et de responsables chrétiens profondément décidés à renouveler leur foi dans l'Évangile du Christ et à repenser leurs pratiques et leurs ministères pour les conformer entièrement aux Écritures. Nous sommes fortement préoccupés par certains mouvements issus du milieu évangélique traditionnel qui semblent actuellement relativiser la vie de l'Église et nous éloigner de nos croyances et pratiques historiques : d'une part, ces mouvements cautionnent la politisation de la foi et l'idolâtrie que constitue le consumérisme individuel ; d'autre part, on y tolère tacitement le relativisme théologique et moral. Ces dérives ont abouti à l'abandon de la vérité biblique et du style de vie transformé qui sont le reflet de notre foi historique. Non seulement nous entendons parler de ces courants, mais nous en constatons les effets sur le mouvement évangélique. Nous nous sommes donc engagés, par ces documents fondateurs, à insuffler à nos Églises un nouvel espoir et une joie contagieuse, basés sur les promesses reçues par la grâce seule, au moyen de la foi seule, en Christ seul.

Nous croyons qu'il existe au sein de nombreuses Églises évangéliques un consensus profond et largement partagé sur les vérités de l'Évangile. Nous constatons pourtant que dans nombre d'Églises la célébration de notre union avec le Christ est remplacée par l'attrait séculaire du pouvoir et de la richesse, ou par un repli quasi monastique dans l'attachement aux rites, à la liturgie ou aux sacrements. Or, ce qui tend à remplacer l'Évangile dans les Églises ne favorisera jamais une foi ardente centrée sur la mission, solidement ancrée dans la vérité, manifestée par une vie de disciple sans complexes ; une foi qui endure les épreuves et les sacrifices liés à la vocation et au ministère. Nous désirons avancer sur la Voie royale, visant constamment à apporter réconfort, encouragement et enseignement aux responsables de l'Église d'aujourd'hui et de demain afin qu'ils soient mieux équipés pour nourrir leurs ministères de principes et de pratiques qui glorifient le Sauveur et procurent du bien à ceux pour lesquels il a versé son sang.

Nous voulons susciter un élan unificateur parmi tous les peuples, un zèle pour honorer le Christ et multiplier le nombre de ses disciples, les rassemblant autour de Jésus au sein d'une authentique coalition. Une telle mission, fondée sur la Bible et centrée sur la personne de Christ, est le seul avenir viable pour l'Église. Cette conviction nous incite à nous joindre à tous ceux qui sont persuadés que la miséricorde de Dieu en Jésus-Christ est notre unique espoir de salut éternel. Nous désirons défendre cet Évangile avec clarté, compassion, courage et joie, unissant joyeusement notre cœur à celui des autres croyants par-delà les barrières confessionnelles, ethniques et sociales.

Notre désir est de servir l'Église que nous aimons en invitant tous nos frères et sœurs à se joindre à nous dans cet effort pour refonder l'Église contemporaine sur l'Évangile historique de Jésus-Christ, de sorte que notre vie et nos discours soient pleinement authentiques et intelligibles pour les gens de notre époque. En tant que pasteurs, nous avons l'intention de le faire par les moyens de grâce habituels que sont la prière, le ministère de la

Parole, le baptême et la Cène, et la communion des saints. Nous désirons ardemment travailler avec tous ceux qui, non seulement acceptent notre confession de foi et notre vision, mais également soumettent l'ensemble de leur vie à la seigneurie du Christ, avec une confiance inébranlable dans la puissance de l'Esprit pour transformer les personnes, les peuples et les cultures.

Index des brochures de la Gospel Coalition